部下のポテンシャルを引き出す対話5つの極意

著／佐久間 寛徳

産業能率大学出版部

はじめに

「対話の目的」と「5つの極意」

本書では、上司が部下に対して行う仕事の指示や指導、支援、アドバイスなど、職場内で行われる**上司と部下の1対1のコミュニケーション**のことを「対話」と表現しています。

「対話」は、会議室などであらたまった形で行う面談、仕事中に上司が部下の席に、あるいは部下が上司の席に赴いて行われる会話、業務に関する報連相（報告・連絡・相談）、オンラインでの打ち合わせなど、あらゆる場面でのコミュニケーションを含みます。

こうした部下との対話において、上司は部下育成のために、次の目的を達成しなければなりません。

・部下のモチベーションを高める
・部下の業務遂行能力を向上させる
・部下との信頼関係を構築する

本書では、部下との対話において、「これを外すと目的を達成できない」というポイントを、次に挙げる5つの極意にまとめました。

極意1　部下の将来の目標を共有する
極意2　仕事への取り組み姿勢を教える
極意3　部下の成長を促す
極意4　人として部下を尊重する
極意5　会話のルールを順守する

それぞれの極意に関連して想定される対話の実例も取り上げています。本書で疑似体験し、実際の部下との対話でご活用ください。

私は経営コンサルタントとして、部下を持つ上司の方とお付き合いをしてきました。どの方も、部下とのコミュニケーションに難しさを覚えているのが現状です。本書は、部下とのコミュニケーションに悩みを抱えている上司や、もっと上手に部下とコミュニケーションをとりたいと思っている上司にとって「ガイドブック」となるものです。

皆さんの日々の仕事に役立ちますと幸いです。

目　次

極意4 人として部下を尊重する

序章

上司の対話力が「部下の力」を引き出す

OK

月曜日までに会議の資料を作成してくれる？
上司
部下
あ はい
困っていることはない？
この点を工夫しました
ごくろうさま
今後はここをこうするともっとよくなるよ
次から改善します

NG

月曜日までに会議の資料を作成してくれる？
上司
部下
あ はい
お先に！
いつもミスが多いよね
……
仕事のできないやつ

1．部下との対話に「得意・不得意」は無関係

名選手、必ずしも名監督にあらず

私は、経営コンサルタントとして、「管理職の力を引き出す」を主要テーマとして、管理職の方を対象に、実践的な研修を二十数年にわたって行ってきました。

「名選手、必ずしも名監督にあらず」という言葉がありますが、残念ながら「部下との対話」においては、大半の上司の方は、この言葉通りの状況なのではないでしょうか。

プレイヤーとしての腕を買われて管理職になったものの、部下を育てるという点においては思ったようにいかず、どうすればよいのかと頭を抱えていらっしゃる方も多いかもしれません。

私の研修では、最初に、参加いただく管理職の方へ、次のように問いかけます。

「部下と対話するのが苦手な方は手を挙げてください」

すると、ほとんどの方が、「部下との対話は苦手で……」と手を挙げるのです。

皆さんはいかがでしょうか？

次のページのチェックテストを確認し、当てはまる項目に✓をつけてみてください。チェックする際は、「部下Aさんには当てはまらないけれど、部下Bさんには当てはまるな……」などと、部下の顔を思い浮かべながら考えてみてください。

Q. 上司の皆さん、こんなことに悩んでいませんか？

□部下に話しかけるきっかけがつかめない

□心理的な距離を縮めようと話しかけても、部下の反応が鈍い

□部下に話が通じない、話がかみ合わない

□年上・異性・世代が違う部下に、どう接すればよいかわからない

□そもそも部下と話すことがない

□自分も部下もコミュニケーションが苦手

□ハラスメントに当たらないか不安

□リモート面談で相手の反応（感情、本音、本心など）が読み取れない

いかがでしたか？　ほとんど当てはまらない方もいれば、すべての項目にチェックが入った方もいるかもしれません。

こうした部下との対話への苦手意識が、「部下の希望や、考えていることがわからない」、「部下を育成することができない」という状況を招いているようです。

対話は誰にでも身につけることができるスキル

しかし、「苦手だから」、「不得意だから」といって、部下との対話を避けるわけにはいきません。上司と部下で円滑にコミュニケーションをとることは、仕事における基本中の基本といってよいものなのですから。

部下との対話が得意か不得意かというのは、その人が生まれ持つ天性の才能などではありません。対話は1つのスキルであり、トレーニングによってコツをつかむことで、誰にでも習得できるものです。

つまり、これまで部下との対話に苦手意識を持ってきた皆さんでも、今から身につけることができるのです。

事実、私の研修でも、部下との対話のために必要な知識を学習し、実践すると、「部下が主体的に仕事に取り組むようになった」、「部下の本来の力が発揮できるようになった」といった効果を実感いただけています。

本書は、こうした私の研修実績に基づき、的確な対話の実践方法について、具体的な実例を取り上げながら解説したものです。「現場ですぐに実践できること」、「現実的な策であること」を大事にした実用的な内容です。

ぜひ、職場での部下との対話における「実践の軸」に置いてみてください。本書をお読みいただき、「不得意」だと思っていた部下との対話を「得意」に変えていきましょう。

2. なぜ苦手意識を持ってしまうのか

苦手意識があるのは、対話の方法を知らないだけ

「苦手《にがて》」とは、不得意なことや嫌いなこと、付き合いにくい相手のことを意味します。

「苦《にが》い」は、甘い・しょっぱい・酸っぱいなどと並ぶ味覚の一種ですが、「良薬は口に苦し」（ためになるものは、感覚的には不快なのが常だというたとえ）ということわざからもわかるように、一般的には嫌な味、不快な味を表します。

また、「苦」は「苦《くる》しい」とも読み、つらい、悲しいなど、どうにも我慢できない感覚、感情を言い表すのに使います。

では、「苦手」の由来をご存じでしょうか？

諸説あるようですが、江戸時代における「苦手」は、不思議な力を持つ手のこと

を指していたとされています。その不思議な力を持つ手で押さえると、人の腹痛が治まったり、ヘビが動けなくなったりするのだとか。

ヘビ側の視点から見ると、「目に見えない恐ろしい存在」ですから、そこから転じて「苦手」が現在の意味合いになったといわれています。

部下との対話に苦手意識を持っているのは、先天的な能力の有無などではなく、ただ単に「対話の方法を知っているかどうか」の問題です。やり方を知らないから不安を感じ、自信が持てず、うまくできない――これは裏を返せば、方法を知れば、苦手意識も払拭《ふっしょく》できるということです。

職場はさまざまな価値観の集まり

職場では、さまざまな人が一緒に働いています。机を並べて仕事をしていても、自分と相手とは異なる人間。これまでに育ってきた環境も違えば、考え方や性格も違います。

これまでは、日本の職場は均質性が高いとされていました。社員は20代から50代までの男性社員ばかりで、皆、正規雇用の労働者で、年功序列で賃金が決められ、一定の年齢に達したら結婚して家庭を持つのが普通とされ、多くの人が一家の大黒柱として働いていたものです。

仕事の目標が同じだったり、休日の過ごし方も似ていたり、理想とする人生もどこか似通っていたりして、おのずと「言わなくてもわかる」、「察する」というコミュニケーションが成り立っていました。

しかし、現代の職場は違います。

女性社員の比率が高くなり、60歳定年後もシニア社員として雇用されるケースが一般的になり、外国人労働者の割合も増えました。

パート社員、契約社員、派遣社員など、雇用形態もさまざまで、ワーク・ライフ・バランスに対する考え方も人それぞれ違います。

そして、トップダウンで下される指令に沿ってただ作業するのではなく、多様な価値観を尊重し合い、それぞれの個性や持ち前を活かしながら協働することで、組織は強くなるという考え方が浸透しました。

考えや価値観が異なる人たちが協働する中で、対応の難しさを感じるのは当たり前のことです。部下とのコミュニケーションに苦手意識を持っているのは、あなただけではありません。苦手意識どころか、部下と対話をすることに恐怖心を抱いている人もいるほどです。

しかし、上司の役割として、部下との対話は避けることのできないものです。どんなにプレイヤーとしては仕事ができる人であっても、上司として部下とうまく対話ができず、部下を育てることができなければ、会社から評価を得られません。それでは、管理職として自信が持てないままでしょう。

3.「学習」と「実践」の繰り返しが対話をうまくする

対話は知識を得てから

「知行合一」という言葉があります。「知行」とは、「知ることと行うこと」、すなわち、知識と行為のことです。

「合一」とは、「2つ以上のものが合わさって1つになること」ですから、「知行合一」は、知識と行為は一体であるということ、本当の知は実践を伴わなければならないという意味です（三省堂「新明解四字熟語辞典」より）。

つまり、知識だけがあっても実践したことがなければ、それは知らないことと同じ。行動が伴って初めて、その知識は完成されるということですね。

スイミングを例にとって考えてみましょう。泳ぎ方についての知識——例えば、クロールならば、バタ足しながら、両腕を交互に回す——を知らなければ、泳ぐことはできません。しかし、実際にプールに入ってこの動作を実践してみなければ、当然のことながら泳げるようになれません。

泳げない子どもをいきなり水の中に投げ入れて、「さあ、対岸まで泳いでおいで！」と言う親はいないでしょう。

部下との対話も同様です。何も準備をせず、行き当たりばったりで部下とうまく対話をしようとしても、思うようにはいきません。あらかじめ、対話に関する学習をし、知識を得ておく必要があるのです。

「部下との対話に苦手意識を持ってしまうのは、対話の方法を知らないから」と、先述しました。逆説的にいうと、対話の方法を知り、話し方などのトレーニングを積むことで、苦手意識は必ずなくなります。

「学習し、実践する」を繰り返すことにより、部下との対話は円滑になり、部下と信頼関係を築けるようになるでしょう。

そしてそれは、部下の力を引き出し、部下の育成が実現でき、皆さんが上司として大きな自信を得ることにつながっていくことでしょう。

4. ケース　部下との対話を「学習」によって変える

部下との対話のあり方を変えたことにより、上司としての自分自身がどのように変化したのか。また、部下、チームがどのように成長を遂げたのかについて、実例をご紹介しましょう。

取り上げるのは、建設会社の管理職Aさん、IT業界のマネジャーBさん、サービス業界の店長Cさんの3つの事例です。

〔建設業・営業所長Aさんの実例〕

学習前

営業所長Aさんは、非常に仕事ができる男性です。所属する営業所内ではトップの立場にあり、複数の現場監督者を部下に抱えていました。

Aさんは責任感が強く、「工事ごとの利益を確保しなければならない」という、管理職としての使命感を持っていました。

「自分がはっきり言わなければ、部下はわからない」と思っていたため、部下が仕事でミスをしたときは、厳しく追及するのが常でした。

工事に不備があったときなどは、自ら工事現場に出向き、協力業者などの外部の人がいる前でも、部下をきつい口調でとがめていました。

仕事ができるAさんの指導内容は極めて正確で、部下としては全く反論できない状況でした。

このため、部下たちはAさんに恐怖心を抱いており、Aさんが事務所にいる日は、事務所は暗い雰囲気に包まれていました。過去には、Aさんが原因で退職してしまった部下も何人かいたほどだったのです。

学習内容

Aさんの「学習」は、私の研修を受講することでした。

一般的に、現場監督者の方は、部下との対話のとり方が不得手な方が多いようです。しかし、「不得手だから仕方がない」と片づけてしまうのではなく、Aさんが管理職としての見本になるべく、研修を通じて部下との対話の仕方を学習し、実践してほしいという会社からの期待があったのです。

研修では、まず、人として誰もが持っている心理を学んでいただきました。そのうえで、部下との対話の方法として、具体的に次の点をお伝えしました。

- 現場に出向いて対話をするときは、まずは「お疲れ様です」と、部下の労をねぎらう。
- 現場の状況は、一目見ればわかるかもしれない。しかし、自分で判断してしまうのではなく、まずは部下から、工事の進捗状況について話を聴く。
- 部下の話を聴いたら、「うまくいっている点・よくできている点」を伝える。
- その後、不備のあるところについて「このような方法でやると、もっとうまくできる」という伝え方で、話をする。

・事務所内での会話も、同様の手順で実践する。

学習後の変化

Aさんは、最初、自分のこれまでの仕事のやり方を変えることに、抵抗を示していました。かなりのストレスも感じている様子でしたが、今後の自分のため、会社のためという意識を持ち、根気強く実践していったのです。

2、3カ月ほどたつと、研修で「学習」したとおりの手順で、部下とコミュニケーションがとれるようになってきました。するとAさんは、独自の工夫も交えるようになります。例えば、工事のポイントを説明するときは書面にして渡すなど、部下とのコミュニケーションをより良くしようと、自分なりに考えるようになっていったのです。

そのうち、驚くべき変化が見られるようになります。これまでは部下から避けられていたAさんですが、次第に、部下から相談事を持ちかけられるようになってきたのです。

Aさんの変化を感じた部下たちは、安心して、意欲的に仕事に取り組むようになりました。そして、笑い声が響く明るい営業所となり、離職者も減少し、人が育つ職場になりました。

【IT業・マネジャーBさんの実例】

学習前

IT業界でマネジャーの職にあるBさんは、マネジャーである自分の指示通りに仕事をするのが「正しい部下のあり方」と、考えていました。Bさん自身は素直な人で、悪気は全くなく、自分のやり方が正しいと自信を持っていました。

Bさんは、まず、部下に仕事の指示をします。しかしその後は、仕事が終了するまでノータッチ。進捗確認などの声がけは、全く行っていませんでした。

そして、部下がBさんに仕事を納めたときに初めて、部下の仕事のチェックをし、できていないところを厳しく指摘していました。

Bさんは、部下の仕事が自分の期待通りでないときは、「仕事のできないやつ」、「いつもミスが多い」などと判断していました。そして、その原因は部下の性格的な問題にあり、部下のやる気がないからだと決めつけていました。

一方、部下は、いくら仕事をしても認められず、文句を言われるだけ。モチベーションは低く、退職する人も出ていました。

Bさんの上司から見ると、Bさんは部下を放置しているように思えてなりません。

学習内容

Bさんにも私の研修を受講いただき、人間が持つ心理を理論として理解いただいたうえで、マネジャーとして部下との対話に必要な知識、考え方、対話の方法をお伝えしました。

まずは、上司から部下への一方通行の力である「ヘッドシップ」と、チームを率いる「リーダーシップ」との違いを説明し、両方を状況に応じて使い分けることが必要だと理解いただくところがスタート地点です。

・「仕事ができる・できない」だけで部下の価値を決めつけないこと。それぞれの役割があることを認識し、指導・育成する。
・「ミスが多い部下」に対しては、ミスをなくすための目標を設定し、部下と共に取り組むなどの対策を講じること。
・頻度と内容を考え、計画的に部下と対話を行う（対話の手順については、前の事例Aさんと同様に「労をねぎらう」→「部下の話を聴く」→「できているところを認め、褒める」→「今後こうするともっと良くなるという伝え方で改善点を話す」）。
・部下との対話の場は、部下の性格を直すための場ではなく、仕事の能力を向上させるための場であると認識し、実践する。

学習後の変化

元来素直なBさんは、研修内容を素直に受け入れてくれました。

リーダーシップの意味合いを正しく理解し、権限だけによる統制を変えるところから着手しました。例えば、自分の指示した内容に対し、部下の意見を求めるようになりました。

また、「仕事ができない部下」や「いつもミスが多い部下」は性格の問題ではないと理解し、あくまでも仕事の能力向上に徹した的確な目標を与え、指導していく方法に切り替えました。

そして、部下に仕事の指示をした後は、月・週・日単位で計画的に部下の仕事に介入し、指導を行うようになりました。また、仕事の進捗状況をチームのメンバー全員が把握し、仕事が遅れている人に対してはお互いにフォローし合うという、チームワークがとれた状況となりました。

しかも、それだけではありません。「毎日部下と話してる?」などと、ほかのマネジャーにも声をかけるようになったのです。

こうした結果、部下は意欲的に仕事に取り組むようになり、Bさんのチームは良い成果を上げるようになっていきました。今ではBさんは、部下から信頼され、部下を成長させることのできる上司となりました。

〔サービス業・店長Cさんの実例〕

学習前

サービス業界で店長として働くCさんは、部下が育たず、自分で仕事を抱え込んでいる状態でした。

店内の決め事はすべて店長であるCさんが考え、決めて、実施しています。しかし、部下たちはこうした決まり事に不満を持ち、陰口を言っているという話も耳にします。

「部下のためを思ってやっていることなのに……」と、Cさんはがっかりしてしまいます。

Cさんは部下が成長するのを望んでいるものの、部下からは次のステップを目指すような積極的な発言や動きがなく、悩んでいました。部下たちが将来どうなりたいと思って仕事をしているのか、わかりません。

店としての業績は確保できています。しかし、「部下を育てることができず、店全体の足並みをそろえることができないのは、自分が上司として至らないからなのでは……」と、Cさんは自分に自信が持てません。

学習内容

研修では、上司というのは部下に対して受動的な立場ではなく、能動的な立場であることを伝えました。つまり、待ちの姿勢ではなく、積極的に働きかける必要があるのです。

部下育成でいうならば、「部下が成長するのを待つ」ではなく、「部下を成長させる」のが上司の仕事です。これを踏まえて、Cさんに以下の点を理解してもらいました。

・まずは部下に対して、６カ月後、１年後のあるべき姿や目標を伝え、上司としての期待を示す。
・その際、押し付けるのではなく、部下の希望も聴きながら、お互いに納得した形で目標を設定する。
・店内の決め事は、自分の右腕になることを期待している部下を巻き込み、意見を聴きながら、一緒に案を作成する。
・その際、上司としての考え方を伝え、右腕となる部下を育成する。
・個人として持つ心理と、集団の中での心理は異なることを理解して、メンバー個々人に話すときと、チームに対して話すときで、話す内容を工夫する。
・同時に、１対１のときの部下の発言と、集団のときの部下の発言が異なっていても、部下の心理を理解したうえで対応する。

学習後の変化

目標を伝えたことで、部下たちは、6カ月後、1年後の目標達成に向けて仕事をするようになりました。部下は着実に育っていったため、Cさんも上司としての自信を手に入れました。

部下が育ち、自分にも自信がついたことで、これまで抱え込んでいた自分の仕事を、部下に任せられるようになりました。すると、その分、自分の時間が増え、新しい企画などに着手できるようになったのです。

店内の決め事は、右腕になることを期待している部下の意見も取り入れ、一緒に作成するようになりました。その部下が、さらにその下の部下の指導や意見を聴くようになったため、店全体の風通しが良くなり、陰口も聞こえなくなりました。

店長Cさんは、「部下に成長してほしい」、「いい仕事ができるようになってほしい」という思いは持っていたものの、受け身の姿勢のため、なかなか部下が育たない状況でした。

しかし、自分から部下に働きかけることにより、部下が変わるとともに、店全体として一体感を持った動きが取れるようになったのです。

5. 前向きな対話が部下の未来を創る

人間の脳は、快楽や報酬に反応する神経系「側坐核《そくざかく》を中心とした快感中枢」と、不安や恐怖に反応する神経系「扁桃体《へんとうたい》を中心とした恐怖中枢」が、別々に機能分化しているといわれます。

オックスフォード大学のエレーヌ・フォックス教授は、それを「サニーブレイン」（お天気脳・楽観脳）と「レイニーブレイン」（雨降り脳・悲観脳）と呼びました。レイニーブレイン（悲観脳）は、サニーブレイン（楽観脳）より影響力が強く、悲観は楽観の3倍以上の力で人々の行動を支配するとのことです。

このような、人間が持って生まれた悲観と楽観の感情の影響を理解することも大切です。

部下との対話において、部下の言葉や態度にムッとしたり、イライラしたりすることもあるでしょう。そうした相手の態度から、翻って自分の上司としての自信を失ってしまうこともあるかもしれません。

しかし、悲観的な感情に流されることなく、自分の感情を意識的にコントロールすることが重要です。

楽観と悲観に関して、京セラ創業者の稲盛和夫氏の言葉をご紹介しましょう。

「楽観的に構想し、悲観的に計画し、楽観的に実行する」

新しいことを成し遂げるには、まず「こうありたい」という夢と希望をもって、超楽観的に目標を設定することが何よりも大切です。

天は私たちに無限の可能性を与えているということを信じ、「必ずできる」と自らに言い聞かせ、自らを奮い立たせるのです。しかし、計画の段階では、「何としてもやり遂げなければならない」という強い意志をもって悲観的に構想を見つめなおし、起こりうるすべての問題を想定して対応策を慎重に考え尽くさなければなりません。

そうして実行段階においては、「必ずできる」という自信をもって、楽観的に明るく堂々と実行していくのです。

稲盛和夫OFFICIAL SITE「思想」より

稲盛和夫氏をはじめとする先達者の方々の言葉を参考にしますと、何かを行うには、まず自分自身にとって「こうありたい」、「こうなりたい」との思い、目標を持つことが重要です。

部下育成にあたっても「このような仕事ができるようになってほしい」という、上司として部下に期待する思い、目標が必要です。

それが、部下を育てます。

そして、プラス思考で前向きな対話が部下を成長させ、部下の未来を創るのです。

極意1

部下の将来の目標を共有する

OK
部下
上司
あの案件の進捗どうなってますか？
この件で相談があるのですが……
ここは…
例えば…
なるほど
そうですね
面談中
期待していますよ！
頑張ります！
NG
部下
上司
あの…
ちょ…相談…
あーーあとにしてくれます？
あの…
急ぎなんですが……
忙しいから手短に話して
イラ イラ
はい はい
面談中
あなたは――
いつも――
話しても無駄……

1. 面談では上司としての期待を伝える

「上司の期待」と「部下の希望」を共有し、具現化する

アメリカの教育心理学者ローゼンタール氏の理論に、「ピグマリオン効果」というものがあります。これは、他者から期待されると成績が向上する現象をいいます。ローゼンタール氏の実験によると、教師が期待をかけた生徒とそうでない生徒では、期待をかけた生徒の方が成績の伸びは良く、期待をかけなかった生徒との成績の伸びに、明らかな違いが見られたということです。

このことから、他者への期待値がその後の成長を決定づける大きな要因の1つになると考えられています。

これは、部下育成についても当てはまります。上司はまず、部下の将来の目標や

あるべき姿と、その実現のための道筋を示し、上司として期待を明確に示すことが必要です。

部下に上司としての期待を示すためには、まずは、上司自身が部下の目標や部下のあるべき姿をイメージしておかなければなりません。

まずは、3年後に、部下にどうあってほしいのか、その姿を思い描いてみてください。厳密である必要はありませんが、現状から想定される範囲内でイメージすることが必要です。

・3年後、部下はどんな技術、知識を持っていなければならないのか。
・3年後、部下はどんな仕事ができなければならないのか。
・3年後に、組織の中で、部下はどんな立場（役職・ポジション）になっていなければならないのか。

例えば、「3年後には、入社1、2年目社員の教育担当として、後輩育成ができるようになっている」、「3年後、営業プロジェクトのリーダーとして目標を設定し、メンバーを巻き込みながら達成する力を身につけている」など、具体的に思い描くことができましたか？

部下の3年後のあるべき姿が具体的に思い浮かべられるようになったら、その姿を面談で部下に伝えるのです。

ただし、上司の理想の押し付けであってはなりません。上司が営業プロジェクトのリーダーになることを期待していても、部下はマーケティングチームで活躍することを希望している可能性だってあるのです。そうした場合、上司の期待を伝えても、それが部下の成長につながるとは限りません。

こうしたすれ違いを防ぐためにも、面談時には、上司の期待を伝えると同時に、部下が抱く「中長期的な将来の目標やビジョン」も共有します。そして、お互いの認識をすり合わせ、部下の納得を得ることが大切です。

その際、部下が明確な目標やビジョンを持っていればよいのですが、多くは漠然《ばくぜん》としたものでしょう。上司は、その漠然とした目標やビジョンを会話の中で引き出し、具体的なイメージを一緒に描き、達成するための道筋を共に考えます。

もし部下が「中長期的な将来の目標やビジョン」を持っていないならば、上司としての期待をそのまま伝えてください。それが、部下が将来の目標やビジョンを考えるきっかけになるからです。

大切なのは部下と一緒に将来の姿を描くこと

自分のビジョンを引き出してくれる上司、自分に目標を与えてくれる上司、自分の将来のことを一緒に考えてくれる上司のことを、部下は信頼し、感謝するでしょう。

部下に対して「このようなスキルを身につけて、こんな仕事を任せたい」、「このようなポジションに就いて、チームを引っ張ってほしい」と期待する上司の強い願望や目標が、部下を育てます。

上司は、部下の目標やビジョンを〝聴いてやる〟のではありません。部下の目標やビジョンを引き出し、それを部下育成につなげるのが仕事であると認識することが必要です。

決して、上司の考えを一方的に押し付けてはなりません。「部下の力を引き出す」、「部下を成長させる」という思いを前提として、話を進めることが重要です。

さらに、面談で3年後のあるべき姿を伝えることができたとしても、部下と共有して終わってしまっては、絵に描いた餅です。実際に部下が3年後に目標を達成できるように、育成計画を立てなければなりません。

部下の現状を踏まえたうえで、今後6カ月間の部下の仕事の目標と行動計画を立てるのです。

部下育成計画を考える際も、上司の期待を先に伝え、それから部下の考えや希望などの意見を聴き、双方が納得のいくまで話し合いをして作成することが必要です。

留意点として、6カ月ごとの計画を進めていく過程で、3年後の目標が変化する可能性もあります。このため、6カ月ごとに部下と面談し、確認していきましょう。

2. 部下のやる気は上司が育てる

内からわき上がる衝動を高める

アメリカの作家デール・カーネギー氏は、著書『人を動かす』の中で、「人を動かす唯一の方法は、その人の好むものを問題にし、それを手に入れる方法を教えてやることだ」と述べています。

これを部下育成に当てはめるならば、「部下に成長してもらいたい」、「部下に自ら動いてもらいたい」と考えるのであれば、まずは部下が何を望んでいるのかを考え、その望みをかなえる方法を探るということになります。

では、あなたは上司として、部下が仕事に何を望み、どんなことにやりがいを感じているのか、把握していますか？

・よい仕事がしたい
・チャレンジングな仕事がしたい
・仕事を通して成長していきたい
・会社に貢献したい
・達成感を味わいたい
・充実感を味わいたい
・認められたい

こうした願望は、部下に限らず、誰もが持っているものです。

「これは自分にとって挑戦しがいのある仕事だ」、「この仕事を通じて、自分の実力が認められた」などと確信が持てると、誰しも、仕事に対する内からの衝動がわき上がります。それは、「やりがい」だとか「モチベーション」などと言い換えることもできるでしょう。

上司の役割の1つが、部下が抱くこうした希望をかなえること。つまり、部下が内からわき上がる衝動を高められるような仕事を与えることです。

部下に「やりがいのある仕事」を与える

勤労者は、会社から給料をもらい、生計を立てるために働いています。しかし、多くの人は給料のためだけに働いているわけではありません。仕事を通じて、自身の成長や生きがい、やりがいが感じられないと、モチベーションが低下し、退職する道を選ぶことがままあります。

これは皆さんの部下も同様で、自分を成長させてくれる仕事を望み、やりがいのある仕事をしたいと願っています。そして、部下のこうした望みを実現できるのは、上司である皆さんしかいません。

部下を育てるのは、上司の仕事そのものです。

部下がやりがいを感じる仕事をつくるのが、上司の役割です。

よく、上司が部下の状況について、「ここまで環境を整えてあげているのに、できない。やろうとしない」といった発言をしているのを耳にします。

私も、こんな相談を受けたことがあります。

「せっかく高額なソフトウェアを導入したというのに、うちの年上の部下ときたら、使おうとしないのです。たぶん、マニュアルを見るのが苦手か、もしくは『これまでも使わずにやってきたのだから、使わなくてもなんとかなる』と思っているからでしょうね。自分から使ってみようとするのを待つしかないのでしょうか」

会社としては、業務の生産性向上や顧客サービス向上のために、指定のソフトを使ってほしい。部下自身の能力開発のためにも、使えるようになってほしいと考えています。

しかし、パソコンにソフトをインストールするだけで、それを使用するかしないかを部下のやる気に任せていては、上司の仕事としては不十分です。

このような状況のときは、上司はさらに一歩踏み込んだ施策を講じる必要があります。

・ソフトの使い方に関する研修の場を設ける
・部下の机の横に座って、一緒に使用してみる
・教育の一環として、ソフトを使用しないとできないような仕事を与える

ここまでやって初めて、「環境を整えた」といえるのです。

そして、本人が実際にソフトを使用した際は、タイミングを逃さず声をかけ、褒めることが大切です。

部下の「やる気」は育てるもの

部下は、自分とは違います。自分なら「ここまで上司がお膳立てしなくてもいいのに」と思うかもしれません。しかし、部下が行動を起こすのをただ待っているだけでは、いつまでたっても状況は改善されません。

「意欲」や「やる気」というのは、待っていれば自然とわいてくるものではありません。また、ある日突然芽生えるものでもありません。

皆さんは、次のような経験をしたときに、仕事が楽しく感じられたり、「こうなりたい」という目標とする姿がはっきりしたりしたことはありませんか。

・目標に向けて行動を起こし、「できた！」と達成感を得たとき
・自分が出したアイデアに、同僚たちから「いいね」と賛同を得られ、うれしく思ったとき
・自分の得意分野を極めれば、社内でこんな地位を築けるかもしれないという展望を持ったとき

つまり、目標に向けて取り組む行動や努力、アイデア、ひらめき、将来への展望などにより、「意欲」や「やる気」を育てていくのです。

これらは、なにも、社命をかけたプロジェクトを達成するとか、営業成績で1位を取るとか、そんな大それた経験である必要はありません。ほんの些細《ささい》な心の変化が重要なのです。

その些細な心の変化の積み重ねが、「意欲」や「やる気」を育てていきます。

上司は、部下の「やる気」が芽生えるのをただ待っているのではなく、部下の将

来を考えて仕事の目標を与え、取り組ませること。つまり、部下に「学習」の機会を与える必要があります。

最初は、上司から言われたことなので、部下は仕方なく取り組むかもしれません。しかし、実際に行うことによって気持ちに変化が表れ、「意欲」や「やる気」が生まれてくるはずです。

上司は、まず部下が実行に移したことを褒めてください。そして、部下の心境の変化を感じ取ったら、その「やる気の芽」を摘み取ってしまわないように、適切にフォローしながら、大事に育てていきましょう。

3. ケース 部下の目標やビジョンを引き出す対話

本来的には、上司は部下に対して次のような働きかけをする、能動的な立場の存在です。

・仕事をつくって与える
・仕事の進捗状況を確認する
・必要なアドバイスや助言、激励の言葉をかける　など

しかし、多くの上司は「部下からの希望を聴き、報告や相談を受けて、それに対応する」という対応をしがちです。つまり、部下に対して受動的な立場になりがちなのです。

ここで、部下への接し方を受動的なものから能動的なものへと、対話を通じて変えた実例をご紹介しましょう。

〔製造業・課長Dさんの実例〕

Dさんは、「自分の部下は、3年後や1年後の目標やビジョンを持っていない・考えようとしない」、「部下が将来どうなりたいと思っているのか、全然わからな

い」と悩んでいました。

普段、Dさんは自分から部下に話しかけることは滅多になく、部下から報連相を受けたら対応する、という姿勢をとっていました。報連相は部下の務めであり、上司はそれを〝聴いてやる〟立場だと思っている節もありました。

「こっちは忙しいんだから、手短に報告して」などと口にするDさんに遠慮して、次第に部下は必要最小限の報連相しか、しなくなっていきます。

部下との面談でも同様で、Dさんは「部下の話を〝聴いてやる〟」、「部下に〝話をしてやる〟」という態度です。横柄な態度のDさんに対して、部下たちは「相談しても無駄」と諦め、ますますコミュニケーションは薄れていきました。

そんな中、Dさんの上司である部長から「Dさんのチームのメンバーには、仕事への意欲が感じられない。メンバーの将来の目標とひもづけてやる気を出させるのが課長であるDさんの役目だぞ」と指摘され、冒頭の悩みへとつながったのです。

対話で解決

部下の将来に期待し、一緒に目標を考える

まず、Dさんには、部下に対する基本的な立場のあり方を再確認してもらいました。

自分でも自覚がないままに、部下に対して横柄な態度をとってしまっていたDさん。部下に対して能動的な立場であるという認識を持つことにより、謙虚な姿勢を保つことができ、コミュニケーションもとりやすくなります。

また、上司が部下に期待を伝えること、すなわち「このような仕事ができるようになってほしい」、「このような役職に就いてほしい」といった上司の強い願望や目標が、部下を育てるということを認識してもらいました。

まずは、それぞれの部下に成長の機会になりそうな仕事を与えること。そして、部下からの報連相を待つのではなく、自分から部下に「あの案件の進捗、どうなっ

てる？」、「何か困っていることはない？」などと声をかけること。部下からの返事や行動に応じて、必要なアドバイスをしたり、ねぎらったり、褒めたりすること。

そして面談では、「将来どんな仕事を任されていたいか」、「どんなポジションに就きたいか」、「目標とするのはどのような姿か」を部下に尋ねるように促しました。

部下自身が明確なビジョンを持っていない場合は、「君はこんなことに興味・関心があるんじゃない？」、「こうした仕事が得意に見えるけれど、専門的な知識を身につけるために資格取得に挑戦してみたらどうだろう？」などと、部下の将来像を会話の中で引き出してもらいました。

そして、それを実現するための道筋を一緒に考え、6カ月後、1年後、3年後の目標と、それを達成するための行動計画として、見える形に仕上げました。

自分の目標やビジョンを引き出してくれるということは、日頃から自分を気にかけ、自分の仕事への取り組み姿勢を見ていてくれることの表れです。そして、自分の将来に期待し、一緒に目標を考えてくれる上司のことを、部下は信頼します。

こうしてDさんは部下からの信頼を次第に勝ち取れるようになり、Dさんのチームは活気にあふれるようになったのでした。

極意2

仕事への取り組み姿勢を教える

OK

上司
部下
来週までにこの見積もりお願いできる？
これ以上無理です引き受けられません
仕事が大変なことは理解しています
どのような条件を整えたらできそうですか？
そうですね…
外注するとか…
あの仕事は別の部署に頼む？

NG

上司
部下
来週までにこの見積もりお願いできる？
これ以上無理です引き受けられません
頑張ればなんとかなるでしょう？
急ぎの仕事なの
ほかの人を当たってください

1. 仕事に対する取り組み姿勢

なぜ部下は自分から動かないのか

管理職研修を行うと、管理職の方から、次のような言葉がたびたび聞かれます。

「部下は、言われたことはするが、自分から進んでやろうとしない」

「部下が自分から進んで新しい仕事や勉強に挑戦しない」

入社して間もない若手から、勤続10年以上の中堅社員まで、性別や年齢、経歴にかかわらず、そうした部下が一定数いるというのです。

では、なぜ、このような部下は自分から進んで動かず、新しい仕事に挑戦しようとしないのでしょうか？　部下の話を聴いてみると、そもそも「仕事」に対する考え方が違っていることがあります。

・仕事は、上司が部下に対して指示をするもの。部下である自分は、指示された仕事にだけ取り組めばよい。

・新しい仕事は上司が考えるもの。

・部下に新しい仕事を任せるときは、上司は部下に事前に説明をし、部下が納得したうえで教育・指導をする。そうした過程を経て、部下は新しい仕事に着手する。

上司からすると、なんとも受け身に感じられ、首をかしげてしまうような意見かもしれません。

しかし、こうした考え方をする部下は特殊なのかというと、決してそんなことはありません。また、彼・彼女らが無知ゆえにこうした考え方をしているのかというと、そういうわけでもありません。

これは、上司と部下の間にある考え方のギャップです。

上司は、自分と部下の間に、根本的な考え方のギャップがあることに気づかず、「部下に対して間違ったことを言っているわけではない。なのに、自分の想いが伝わらないのはなぜだろう?」、「どうしたら部下は積極的に仕事に取り組んでくれるか」、「どうして部下のモチベーションが上がらないのだろう?」などと、日々悩んでいる状況です。

部下の「仕事に対する考え方」を確認する

まずは、部下と視点を合わせることが第一歩です。

仕事に対する熱意だとか積極性、モチベーションといった話をする前に、「仕事に対する考え方」という視点で、部下と話をしてみてください。すると、部下が「仕事」というものに対してどのような考えを持っているのか、わかるはずです。

本来、仕事に対する考え方は、人それぞれです。「成長なんてしなくてもいい」、「ずっと同じことの繰り返しで構わない」といった考え方であっても構いません。

しかし、組織の中で雇用されて働く以上は、こうした考え方は通用しません。組織の一員として仕事をするならば、管理職もメンバーも自分の持ち前を発揮し、ベストを尽くさなければなりません。社員の成長が、組織を成長させるのです。

そして、成長するために、個々の社員には、常に挑戦することが求められます。挑戦をやめてしまったら、その組織には衰退する未来しかありません。


もし、部下が「仕事は与えられるもの」、「これまでも、これからも、ずっと同じ調子で仕事を続けていけばよい」といった考えを持っているのだとしたら、それを改めさせる必要があります。

部下がこのような考え方をしている限り、部下はいつまでたっても上司の真意を理解することはありません。いくら上司が、部下自ら仕事の計画を立て、自ら行動してほしいと願ったとしても、部下は上司の意図を理解していないのですから、言動に変化が見られることはありません。つまりは、暖簾《のれん》に腕押し状態です。

そして、こうした部下の状況を見て、上司は「部下はやる気がない」、「言われたことしかしない」という評価を下してしまうのです。

また、自ら動かない部下の動機づけのために面談指導を何度も繰り返したり、手に余るような大きな仕事を任せたりするのは逆効果です。部下は、なぜ面談指導されるのか、なぜ仕事を任されるのかを理解できず、一層モチベーションを低下させ、あげくの果てには退職してしまう結果もよく見受けられます。

部下の仕事に対する取り組み姿勢を考えるには、まずは「仕事に対する考え方」を共有するところから始めてみてください。根気強く対話を進める中で、「ここにギャップがあったのか！」とわかるポイントが見つかるはずです。

2. 学習のために仕事をする

VUCAの時代の仕事とは

「VUCA（ブーカ）」とは、Volatility（変動性）、Uncertainty（不確実性）、Complexity（複雑性）、Ambiguity（曖昧性）の頭文字を取ったもので、目まぐるしく変転する予測困難な状況を意味します。私たちを取り巻く環境は、変化のスピードや複雑性、不確実性が増し、将来の予測が困難な時代を迎えました。

このような時代に求められるのは、トライ&エラーを何度も繰り返しながら、目標を達成していくチャレンジ精神や、実践ありきの仕事です。

そして、仕事をする私たち自身も、仕事を通じて成長しながら、激しい変化を乗りこなしていくことが重要です。

「学習のために実践する」という考え方

前節で、部下が「仕事は与えられるもの」、「これまでも、これからも、ずっと同じ調子で仕事を続けていけばよい」といった考え方をしているならば、それを正さなければならないと述べました。

それは、ＶＵＣＡの時代に求められる人材とは、変化に柔軟に対応しながら仕事を通じて成長していく姿であるからです。

仕事は「学習する場」なのです。

「学習」といっても、学生時代のように用語を暗記したり、技術を習得したりすればよいわけではありません。仕事における「学習」とは、知識や技術を習得したら職場の中で実践し、成果を得て、自身の能力として身につけていくことです。

新しい能力を身につけるには、本を読んだりセミナーに参加したりと知識を増やすだけではなく、実践を繰り返すことが必要なのです。

このような実践を繰り返し、経験を積み重ねることができる唯一、最良の場所が職場であり、仕事です。

「学習のために実践する」という意識を持つことが、常に仕事にチャレンジするという、前向きな取り組み姿勢を保つための重要な視点となります。

では、皆さんも一緒に考えてみてください。

もし、部下が仕事に対して「仕事は与えられるもの」、「これまでも、これからも、ずっと同じ調子で仕事を続けていけばよい」といった考え方を持っているとしたら、部下に何を伝え、どのように考えを改めてもらいますか？

次に挙げるような仕事に対する考え方を、ぜひ、自分の言葉で部下に伝えられるようになりましょう。

決して、「あなたは間違っている！」、「こんなことも知らないのか！」などと叱ったり、上から目線で厳しく指導したりしないでください。

あくまで、これは対話です。「部下と自分の間のギャップを埋める」ことを意識してください。

・会社の存在理由・使命とは、お客様をつくること。「無」から「有」をつくるのが、会社の仕事である。
・仕事は、社員１人ひとりが自ら考えて、つくり出すもの。１人ひとりの小さな改善の積み重ねがお客様をつくり、売り上げをつくる。
・会社は今がベストの状況にある。社長や管理職、社員は、最大限の知恵を出し、最大限の仕事をしている。
・仕事は、常に挑戦するもの。
・さらなる成長を目指すには、社員１人ひとりの成長、社員１人ひとりが行う新しい取り組みが求められる。
・仕事を通じて、企業人として、社会人として、人は学習し、成長していく。

3. ケース 考え方が異なる部下との対話

〔製造業・監督者Eさんの実例〕

生産現場で働く監督者Eさんからは、「決められた仕事や、今まで行ったことのある仕事はできるが、自分で考えて動くことができない部下がいる」と、相談を受けました。

仕事にはマニュアルが存在しているものの、部下はマニュアル通りにしか動けず、自分の頭で考えて創意工夫をしながら、より良い仕事をしようという意識がないというのです。

対話で解決

できない理由と対策を一緒に考え、実践に導く

まずは部下との対話において、自分の頭で考えて仕事を行うことの必要性を伝えるところからスタートです。部下は仕事に対してどのような考え方を持っているのかを聴いたうえで、部下と自分の間のギャップを埋めていきました。

続いて、業務を遂行する中で、上司であるEさんが「できていない」と感じられる部分について、部下と、今の状況を共有します。

そして、なぜマニュアル通りにしか動けないのか、なぜ自分で考えて動けないのか、原因を一緒に考えました。多くは、次の①～④のいずれかに当てはまることでしょう。

①仕事の内容が理解できていない
②仕事に関する基本知識がないため、考えることができない

③仕事はマニュアル通り、教えられたとおりに行うもので、自分の考えを仕事に反映させるのは自分の役割ではないと思っている
④仕事ができていないことがわかっていない

Eさんの部下のケースでは、「③仕事はマニュアル通り、教えられたとおりに行うもので、自分の考えを仕事に反映させるのは自分の役割ではないと思っている」が原因でした。

原因がわかったら、「できるようになるにはどうしたらよいか」を考え、その対策を検討します。Eさんの場合は、「仕事とは与えられたものをこなすだけでなく、常に挑戦し、自己を成長させていくものだ」ということを根気強く話して、部下に理解してもらいました。

そのうえで、マニュアル通りに動くだけでなく、自分の頭で考えて動くには、どうすればよいのかも考えます。

例えば、トラブルが発生したとき。マニュアルに記載されていないトラブルには、

臨機応変に動くことが求められますので、「こんな場合はどうする？」などと一緒に対策を考え、実際の仕事で実践してもらいました。

また、せっかくできるようになったと思っても、仕事の内容が少し変わると、再び自分で考えて動けない状況に陥ることがありました。

しかし、Eさんは再度、対話の場を設けて、今の状況を聴き、なぜできないのかを一緒に考え、できるようになるにはどうしたらよいか、対策を一緒に検討していきました。一度話をしたら終わり、ではなく、繰り返し対話を重ねていったのです。

マニュアルだけ渡しても理解できないのは当たり前

Eさんと似たようなケースで、「部下にマニュアルや手順書を示して教えても、実際に取り組ませてみるとできない。応用がきかない」といった相談を受けることもあります。

今あるマニュアルや手順書は、過去のいろいろな失敗や工夫の積み重ねでできあがったものです。効率のよい仕事の方法やノウハウが記載された内容だろうと思います。

しかし、最終的に確立された仕事の手順やマニュアルだけを教えても、そこに行きつくまでに失敗したこと、工夫したこと、考えたことなどがわからない限りは、その仕事の全体像や本質は理解できないものです。

そのため、実際に仕事に取り組んでみると、少しでもマニュアルや手順書から外れたことに出くわすと、対応できなくなってしまう場合があります。

ですから、マニュアルや手順書を示しながら部下に仕事を教える際には、「なぜこのような手順やマニュアルに至ったのか」、「この仕事の本質は何なのか」なども併せて伝える必要があります。

つまり、上司自身が「部下に何を伝えなければならないのか」をよく考えたうえで教えることが求められるのです。

ただ作業マニュアルを渡され、「このとおりにやって」と言われるのと、「この仕事はこんな目的で行われるものです。以前はA方式をとっていたけれど、過去にこんなトラブルが発生したこともあり、今はB方式に変更しました」などと丁寧に伝えられるのでは、部下の受け止め方も変わります。

仕事の本質や、そのマニュアルに至るまでの試行錯誤の歴史や背景を知ることで、部下は、「マニュアルや手順書を見ながら、自分は何を考えて仕事をするとよいのか」がわかるようになるでしょう。

このように、「自分で考えて動けない部下」に対しては、対話を通じて原因を突き止めるとともに、「自分で考えて仕事をする」ということが、仕事をするうえで絶対的に必要であると伝えることが重要です。

「考えて仕事をする」ことができない部下は成長できません。「考えて仕事をする」ことの本来の意味を理解し、実践するようになると、部下は大きく飛躍するでしょう。

「仕事は、社員1人ひとりが考えてつくり出すもの」、「仕事は、常に挑戦するもの」、「目標を持った小さな改善の積み重ねが顧客をつくり、売り上げをつくる」――これが部下に教えるべき、仕事に対する基本的な考え方です。

自分で考えて仕事をし、自分で新しいものを創造していくためには、日頃の「学習」も重要であると、部下との対話の中で粘り強く伝え続けることが必要です。

4. ケース 「できません」が口癖の部下との対話

〔営業職・課長Fさんの実例〕

営業部門で課長職にあるFさんは、やる気の感じられない部下に不満を抱えていました。

例えば、部下に追加で仕事を依頼するとき。部下も忙しく、たくさんの業務を抱えていることは理解していますが、上司としては部下に仕事を割り振らなければなりません。

しかし、部下からは、そんなFさんの状況なんてお構いなしで、「無理です」、「できません」などと言われ、断られてしまうのです。

Fさん「○○さん、来週までに、この見積もりをお願いできない？」

部　下「これ以上、無理です。引き受けられません」

Fさん「頑張ればなんとかなるでしょう？　頼むよ、××社から急ぎで提出してと言われているんだよ」

部　下「ほかの仕事で手一杯なので、残業しないとできません。ほかの人を当たってください」

Fさんは、「どうすればいいんだろう」と頭を抱えていました。

対話で解決

肯定的な言葉で部下のやる気を育てる

職場は「可能性を追求する場」です。同時に、職場では、肯定的な言葉・発想が成果獲得の明と暗を分けるといわれます。逆説的にいうならば、否定的な言葉や発想でいると、成果獲得につながらないということです。

難しい状況にある場合でも、否定的に捉えず、前向きな姿勢、プラス発想を持つことが大事です。例えば、次のような発想の転換です。

(否定的)「この条件でないと、できない」
(肯定的)「この条件が整えば、できる」

(否定的)「人員や時間、経費が足りないので、できない」
(肯定的)「人員や時間、経費をこれだけ投入すると、できる」

上司自身が否定的な言葉を使わないのはもちろんのこと、部下にも「できません」、「無理です」といった言葉は、極力使わないように指導しましょう。

Fさんのケースでは、まずは、仕事の依頼の仕方を前向きなものにする必要がありました。

「仕事が大変なことは十分理解したうえでの相談です。今の仕事を行いながら、追加で見積もりをお願いするとしたら、どのような条件を整えたらできそうですか？　どうすればできるようになるのか、ぜひ、〇〇さんの知恵を貸してください」

このように「どうすればできるか、一緒に考えよう」という姿勢を見せると、部下も「できない」と断るのではなく、「力を貸そう」と思うでしょう。

もちろん、部下に過大な負担をかけることは避けなければなりません。部下がオーバーワークにならないよう、上司として他部署と調整をとるなど、対策を考えましょう。

しかし、ビジネスの場では、突発的に発生する仕事は日常茶飯事に起こります。そのときの対処の仕方次第で、顧客の信頼を得て大きな成果を獲得することもあるでしょう。ですから、「無理だ」、「できない」と考える前に、「どうすればできるのか」を考えるのです。

Fさんのケースでは、部下と話し合って、外注や派遣を利用する、短期でアルバイトを雇うなどの案が出されました。

Fさんだけ、または部下だけでは思いつかなかったアイデアが、対話によって生まれたのです。対話は視野を広くし、思考を柔軟にする作用があります。

常に肯定的な言葉を使うことにより、プラス発想で仕事に取り組むという習慣を、職場の中で形成していってください。そうすることで、部下の前向きな姿を認められるようになるでしょう。部下のやる気は、上司が育てるのです。

5. ケース「頭でっかち」な部下との対話

〔サービス業・マネジャーGさんの実例〕

Gさんの部下は、仕事に関する専門知識を十分に持っており、リーダーとして活躍するだけの実力を備えているはずです。なのに、期待通りに仕事をしてくれないことが、Gさんの悩みでした。

ある程度のところまではやるけれど、それ以上の仕事をしようとしない。かといって、全くやる気がないようにも見えない、というのです。

上司としては、なんだかつかみどころがなく、期待したい面もあるけれど、重要な仕事を任せるには不安がある、という状況です。

対話で解決

理屈を理解させ行動を促す

Gさんの部下は、どのような考え方をしているのでしょうか。上司からの期待に反し、仕事にチャレンジする姿勢が見られない部下は、次のような考えを持っていることが多いようです。

・悪気はないけれども「それは自分がやるべき仕事ではない」と思い込んでいる。
・「自分に与えられた仕事以外のことはやる必要はない」と思い込んでいる。
・合理的に理屈で考えて納得できないことはしたくない。
・自分の理屈に合わないことには意欲がわかない。
・内心、自分の実力以上に思える仕事をするのが怖い。

多くの場合、業務に関する本を読んだり、資格を取得したりして、知識は持っているものの、いわゆる「頭でっかち」になっている面があります。

こうした部下に対しては、まず、理屈で理解してもらうことが大事です。そのうえで、行動し、体感してもらうことで、部下の納得を引き出します。

理屈で理解してもらうためには、1から10まで理屈で説明することです。単に「期待しているよ」と伝えたり、「なんでもっと頑張れないんだ?」などと感情的に叱咤《しった》激励したりしても、効果は期待できません。

まずは、部下に話を聞いてもらうこと。これを第一に考え、Gさんは自身の実際の経験も交えて、次のような対話を行いました。

現状を共有する

まずは、現状を認識してもらうために、現在の部下の立場や役割、担当業務について共有しました。

仕事への取り組み姿勢を伝える

本来、仕事とは自分で考え、創造していくものです。そして、仕事にチャレンジし、仕事を通じて成長していくのが、「あるべき姿」だと伝えました。

また、理屈は大事であるけれど、常に合理的に行動できるものではありません。仕事をしている以上、好むと好まざるとにかかわらず、不合理なものも受け入れなければならないと説明しました。

意欲は育てるものだと伝える

「意欲」や「やる気」というのは、目標に向けて取り組む実際の行動、努力、アイデア、ひらめき、将来への展望などにより育てていくものです。頭で考えて想像するだけでは限界があり、やってみなければ何もわからない、何も生まれない、失敗もないこと。そして、「行動して初めて何かを感じることができるのが人間」という事実を伝えました。

部下への期待を伝える

そして最後に、会社として、部下にはチームのリーダーとして活躍してもらうことを期待していると伝えました。

Gさんは本人の反応を見ながら話し、理屈で理解してもらうように工夫しました。部下は最初、半信半疑の状態でした。しかし、Gさんに促されるままに、実際に行動に移してみて、成果が出てくると、気持ちに変化が生まれたようでした。

こうした些細な心の変化の積み重ねが、今まで頭の中で考えるだけだった仕事の仕方とは違う視座を持つことにつながり、やる気につながっていったのです。

もともと実力のある部下でしたから、その後はみるみるうちに力を発揮し、チームのリーダーとして活躍してくれるようになりました。

6. ケース 挑戦を恐れる部下との対話

〔金融業・課長Ｈさんの実例〕

金融業に勤めるＨさんの部下は保守的で、新しいことへの挑戦を避ける傾向にありました。それは「やる気がない」というよりは、失敗を恐れていることが理由のように思えます。

学生時代の成績は優秀で、努力することは苦手ではないようです。学校の試験のように、必ず答えがあり、勉強しただけ成果が得られることには安心して取り組めるのですが、答えがなく、先が見えない仕事には一歩を踏み出せないようなのです。

「時間をかけて取り組んでも、もし失敗したら……」と考えると、そのときに負う心のダメージを恐れて、挑戦に二の足を踏んでしまうようです。

対話で解決

部下の自己効力感を育てる

Hさんの部下のようなケースは、自分に自信を持てないでいることが理由だと思われます。

人は、誰もが「自己効力感」を持っています。「自己効力感」とは、カナダ人の心理学者アルバート・バンデューラ氏が提唱したもので、目標に向かって「自分は目標を達成することができる」、「自分ならできるはず」という、自分の可能性を信じる自信に満ちた感覚のことです。

自己効力感を育てるには、日頃から「あなたなら大丈夫」、「できる」と背中を押し、自信を持たせることです。

もちろん、無責任に「できる」を連発し、背中を押しても意味はありません。

部下との対話において、仕事の状況や課題点などを聴き、必要に応じて今後の仕事の進め方や課題点を一緒に考える。そのうえで、部下に対し「期待しているよ」

と伝え、「あなたなら絶対にできる」と激励し、背中を押すことが大事です。

また、チャレンジしたけれど失敗した場合、何を失い、何を得るのか一緒に整理しましょう。失敗は失うものばかりではなく、得られるものもあること。そして、失敗は1つの経験であり、決して怖くないことを、次のように論理的に伝えます。

Hさんのケースでは、Hさん自身の失敗経験と、そこから何を得たのかを伝え、部下の理解を促しました。

・答えがない分、ゴールまでの過程で新しい発見が得られる可能性がある。
・うまくいかなかったとしても、「うまくいかなかった理由」や『別の方法の方がよい』という結果」が得られる。
・「チャレンジした」という経験と、「自分はチャレンジすることができる」という自信を得られる。
・チャレンジの後ろには上司や会社のサポートがあり、皆で一緒に知恵を出し合う体験を得られる。

・自分が中心になってチャレンジをすることで、リーダーシップ、責任感、やりがい、対人関係など、理論だけではわからなかった気づきが得られる。

・成功しても失敗しても、仕事面でも精神面でも成長することができる。

・やってみなければ何も得られない。

アメリカの経営コンサルタントであるマイケル・ロンバルド氏とロバート・アイチンガー氏の調査研究に、このようなものがあります。

ビジネスにおいて人は70％を仕事上の経験から学び、20％を先輩・上司からの助言やフィードバックなど他者から学び、10％を研修や書籍から学ぶ。

これは「7・2・1の法則」ともいわれています。両氏は、この学びをオーケストラになぞらえ、「仕事の経験からの学び」、「他者からの学び」、「研修、書籍からの学び」は、それぞれ単体では楽器や道具にすぎず、組み合わせることで最もよく機能すると表現しました。

この法則は、部下育成にも当てはまります。職場の実務では、次の3つを計画的・継続的に行うことで、部下の育成にうまく機能します。

・チャレンジを含め、適切な仕事を与え経験させること
・面談などにおいて部下の指導支援を行うこと
・読書や資格取得の勉強、研修への参加などにより勉強させること

つまり、上司がいくら指導し、部下がいくら知識を身につけても、仕事で挑戦する経験を積まなければ、成長することはできないのです。

仕事にチャレンジすることの必要性を時間をかけて伝えてみてください。実際にチャレンジを経験し、自己が成長する実感を得ると、次からは恐れず挑戦するようになるでしょう。

極意3

部下の成長を促す

NG

おい!
モタモタしてるな!
何年この仕事してるんだ!?
上司
部下
まったく最近の若い奴は……
若手の離職率が高いから部下を褒めて育てるように
はぁ…
社長
どうやって褒めたらいいのやら…

OK

まだ手際は悪いけどよく頑張ってるな
上司
部下
ここは難しいのによくできたな!
はい
ますますやる気が出てきているようだね
社長
社の業績もアップしているよ

1．部下の言動をより優れたものに変えるのが上司の仕事

職場における「リーダーシップ」とは

リーダーシップ論の第一人者であるニューヨーク州立大学ビンガムトン校の心理学者バーナード・バス氏によれば、「リーダーシップ」は次のように定義されます。

リーダーシップとは、状況あるいはメンバーの認識・期待の構成・再構成がしばしば行われる（2人以上のメンバーから成る）グループにおける、メンバー間の相互作用のことである。この場合リーダーとは「変化」を与える人、すなわち他者に対して（その他者がリーダーに影響を与える以上に）、影響を与える人のことを指す。グループ内のある人が他メンバーのモチベーション・能力を修正する時、それ

をリーダーシップという。

『世界標準の経営理論』（入山章栄著、ダイヤモンド社）より

職場において適用するならば、「上司（リーダー）とは部下に変化を与える人」であり、「上司の影響で部下がモチベーションや能力をより優れたものに変化させることができれば、それをリーダーシップという」と、考えることができるでしょう。

つまり、上司の役割とは「職場において、部下の言動をより優れたものに変えること」といえます。

部下の言動が変わることをイメージする

「部下にいい仕事をしてもらいたい」
「部下に成果を出してもらいたい」

「部下に早く成長してほしい」

これらは、上司が持つ共通の期待ではないでしょうか。

一方で部下もまた、次のような希望を誰しもが持っています。

「いい仕事がしたい」

「仕事を通して成長していきたい」

つまり、上司の期待と部下の希望は同じなのです。にもかかわらず、実際の職場では、多くの上司が部下の育成ができずに悩んでいる、部下との対話が苦手という現実があります。

ところで、部下を育成し、「部下の言動をより優れたものに変える」とは、どのようにして行えばよいのでしょうか。

それは、「上司が部下に期待していること」と、「部下自身が希望していること」を、きちんと整合させることから始めます。そして、部下も納得した形で、部下の仕事の目標を、目標達成のための具体的な行動計画に落とし込み、実践することです。

行動計画を実践するのは部下ですが、上司はただ計画を立てて終わりではありません。部下が行動計画に沿って実践していけるように、対話を通じてサポートする必要があります。

対話にあたっては、対話後の部下の言動の変化をイメージして臨むことが大切です。対話によって目標が少しでも達成され、部下の言動がより優れたものに変化するかどうかを考えてください。

・部下のモチベーションを高める
・部下の業務遂行能力が向上する
・部下との信頼関係を構築する

対話を繰り返すことで、この3点が互いに作用しながらスパイラルアップしていくことを目指しましょう（図3－1）。

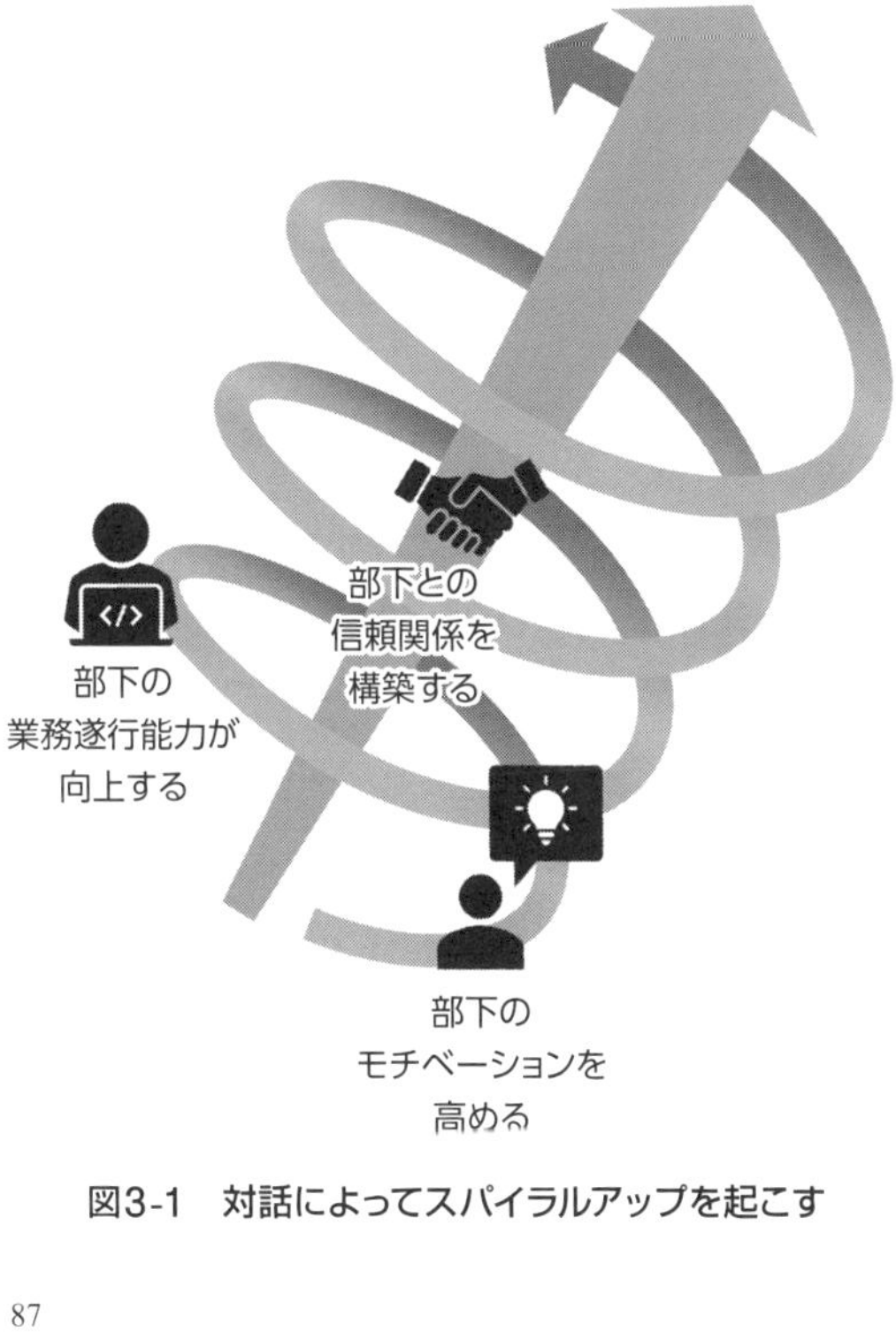

図3-1　対話によってスパイラルアップを起こす

2. 部下の仕事に適切に介入する

部下の仕事に介入する前に

部下に仕事を任せるのは、部下育成につながります。しかし、だからといって、進捗管理を行わず、部下に仕事を丸投げすることは、部下育成ではありません。それは、上司としての責任放棄です。

一方で、部下の仕事に介入しすぎるのも、部下が成長する機会を奪うことになります。求められるのは、適切な介入です。

部下の仕事に介入するときに、上司として踏まえておくべき基本的なポイントは、次の2点です。

・部下の能力を伸ばす
・部下の意欲を仕事に結びつける

部下に仕事を与える際は、現状の部下のスキルや能力と、与える仕事の難易度を踏まえて検討します。その際、先に挙げた2つのポイント「部下の能力を伸ばすこと」と「部下の意欲を仕事に結びつけること」を念頭に置き、どのようにすればその仕事が部下の成長につながるのか考えてみてください。

例えば「彼はまだ入社2年目の若手だから」といった理由で、必要以上に部下の仕事に介入すると、部下のやる気をそぐことにならないでしょうか？　もしくは、「彼女はベテランだから」といって、初めて受注した難しい案件を任せっきりにするのは、果たして部下の成長につながるでしょうか。

大事なことは、部下と一緒に、進捗管理の頻度や任せる仕事の内容をすり合わせることです。部下が「この仕事はすでに経験したことがあるので、隔週の進捗管理で大丈夫です」というのであれば、介入しすぎず、見守る姿勢が求められるかもしれません。

介入の方法を考えるにあたっては、次のことを把握しておきます。

・部下の「作業スピード」などの能力から見て、仕事の量は、大・中・小のいずれに該当するか。
・部下の「熟練度」などの能力から見て、仕事の質は、難しい・普通・簡単のいずれに該当するか。
・部下にとって初めての仕事なのか、過去に経験したことのある仕事なのか。
・会社や部署として、その仕事はどのような位置づけなのか。

次に、具体的な介入方法を考えます。

・仕事の目的、全体像、顧客が期待している品質の水準、顧客の意向、業務遂行上注意すべき点など、仕事を与えるにあたって、最初に伝えるべきことは何か。

・仕事の進捗状況把握のために、打ち合わせの頻度はどれくらいが適切か。

・打ち合わせ時に提出してもらう資料は何か。

・仕事が定時間内に終わらないときは、残業させるのか、ほかのメンバーに応援を頼むのか。

・日々、どのような声がけを行うか。

・この仕事を通して、部下のどのような面の能力を強化するのか。

・この仕事に対して、部下にどのような取り組み姿勢を期待するのか。

・仕事の進捗状況に応じて、どのタイミングで、どこを褒めると、部下のモチベーションは上がるのか。

仕事は、部下の成長のためだけに存在しているわけではありません。その仕事の先に顧客がいるのであれば、顧客を満足させることが第一です。

顧客の期待にかなう品質のものを、決められた納期までに完成させるために、上司として、どのタイミングで、どのように介入すればよいのか、計画を立てる必要があります。

そのうえで、その仕事を通して部下をどのように育成していくか、よく考えることです。

月、週、日単位で面談を設定する

部下との対話は、「コミュニケーションのためのコミュニケーション」ではありません。次のような明確な目的を持って行われるものです。

・業務目標の達成
・面談目的の達成

そのためには、いつ、何を話すと、目的達成のために最も効率よく部下と意思疎通が図れるのかを考えなければなりません。行き当たりばったりで声をかけるのではなく、綿密に計画を立ててから対話を行うのです。

本来的に上司は、部下に対して能動的な立場の存在です。すなわち、仕事をつくって与える、仕事の進捗状況を確認し、必要なアドバイスや助言、激励の言葉をかけるなど、自ら部下に働きかけることが求められています。

ところが、現実的には部下からの報告や相談を待っている上司が多いようなのです。「部下から報告を受けたついでに面談をする」といった形でコミュニケーションをとり、それで対話ができていると満足している方もいるようです。

自分から対話を設けましょう。部下に対して受動的な姿勢をとるのではなく、能動的に働きかけてください。

具体的には、月、週、日単位で面談を設定し、そこで何を聴き、何を話すか、その際に用意しておくべき資料は何か、事前に考えておくことが必要です。

部下は、仕事の目標達成に向けて、日々業務に専念します。上司は、部下の仕事の進捗管理や、部下のモチベーションの維持・向上、そして、部下の職務能力向上のための指導を行います。

例えば、日々の対話では部下のモチベーションが上がるように「昨日も遅くまで資料作りを頑張っていたね」などと、声をかけます。

週に1回の面談では、進捗について報告を受け、困っていること、判断に悩むことなどを聞き取りし、それに対して助言したり、必要に応じて意思決定を行ったりします。

そして、月に1回の面談では、部下のこれまでの取り組み姿勢について褒めるべき点は褒め、改善が必要な点は具体策を一緒に考え、次の仕事へとつなげるためのアドバイスをします。

部下の業務目標達成と、仕事を通じた成長のためには、上司主導での計画的なコミュニケーションが重要です。ぜひ、受け身にならず、自ら対話をとる姿勢で臨んでください。

3. 部下から「報告」「連絡」「相談」を受ける

仕事を与えるときは報連相をセットで

部下に仕事を与えるときは、報連相をセットで考えなければなりません。

報告の頻度や内容、用意すべき資料をあらかじめ決めておき、仕事を与える際にきちんと指示する必要があります。また、あらかじめ決めた報告頻度以外にも、何かあったらすぐに相談するように伝えておきましょう。


管理職の方がよく口にするのは、部下に「この仕事が終わったら、一度報告しに来て」と言っているにもかかわらず、部下が報告しに来ない、ということです。

きちんと約束通りに報告してくれる部下は、実は極めてまれで、優秀な人です。多くは、なかなか部下の方から報告してこないものです。

約束を忘れてしまったのかもしれないし、覚えていても「報告するほどのことはない」と1人で判断して、報告を見送ろうとしていることもあります。もしくは、上司が忙しそうにしているので、報告に時間を取らせることを遠慮している可能性もあります。

ですから、約束の期日に報告がなかったとしても、上司は怒らずに、自分から部下に声をかける姿勢を持ってください。

部下とのやり取りの中で、それぞれの部下の特徴をつかみ、各人に合った指導を根気強く行うことが、部下育成につながっていきます。

報連相の目的

部下との対話は、報連相の繰り返しということもできます。ここでは、報連相の目的とポイントについて解説しましょう。

報連相の基本的な目的は、「仕事の付加価値の向上、効率化、新たなビジネスチャンスを獲得すること」です。

報連相は、基本的には調整の場ではありません。あるべき姿（仕事の付加価値の向上、効率化、新たなビジネスチャンスの獲得）を考える場とすることが重要です。

あるべき姿に近づけるためにも、次に挙げる3点を部下に実践してもらうことにより、仕事の水準を上げていきます。

①報告事項ごとに、最初からの流れを時系列に簡潔に説明する。
②現場で起きた事実と、その事実に対する自分の考え、今後の対策を、事実と混同することなくきちんと報告する。
③選択肢を準備する場合は、選択肢ごとのメリット・デメリットを明確に説明する。

では、1つずつ説明しましょう。

①報告事項ごとに、最初からの流れを時系列に簡潔に説明する

上司は膨大な量の業務や案件を抱えているものです。そのため、前回報告されたことについて、忘れてしまっていることもあるでしょう。ですから、報告の際は、報告事項ごとに仕事の最初からの流れを整理し、時系列に説明してもらうようにします。

そうすることで、仕事の状況が改めて理解できるとともに、思わぬビジネスチャンスを発見したり、逆に重要な手落ちに気づいたりすることができます。

ただし、上司は忙しいため、大事なポイントを簡潔に説明してもらうように頼みましょう。

②現場で起きた事実と、その事実に対する自分の考え、今後の対策を、事実と混同することなくきちんと報告する

よくありがちなのが、事実と自分の意見を交えて報告することです。現場で起きた事実と、自分の推測や考えを混同して話してしまうのです。これでは、事実を正確に把握することができません。

実際に顧客が言った言葉と、それを受けて部下がどう思ったのかは、分けて考えなければなりません。

5W1Hに沿って、「いつ（When）」、「どこで（Where）」、「誰が（Who）」、「何を（What）」、「どうした（How）」と「その理由（Why）」をまとめてもらいましょう。上司は事実を正確に把握して、今後の対策を考えます。

しかし、部下の意見にもきちんと耳を傾けましょう。現場で起きている事象に対して、自分の考えや今後の対策を話してもらうようにしなければ、部下はすべての判断を上司に委ね、自分では何も考えなくてもよいと思うようになります。

③選択肢を準備する場合は、選択肢ごとのメリット・デメリットを明確に説明する

取るべき対応に選択肢がある場合は、選択肢ごとのメリット・デメリットを説明してもらいます。そのうえで、自分はどの選択肢がよいと考えるのかを、その理由とともに説明してもらいましょう。

上司は提案された選択肢を踏まえて、もっと良い案はないかを考えます。

4.「褒めるマネジメント」を計画的に行う

部下は褒められて育つ

部下は褒められると、自分の仕事に愛着を感じ、誇りを持つようになります。より良い仕事をし、仕事を発展させようと改善工夫も進みます。

一方、指示された仕事だけを行い、上司から注意や小言ばかりを言われているようでは、部下のモチベーションは決して上がりません。仕事に愛着や誇りも持てません。

普段、部下を褒めたことのない上司からは、「部下を褒めるのは照れくさいし、わざとらしくなる」という話を耳にすることがあります。

しかし、部下からすると、たとえわざとらしく聞こえても、上司から褒められるとうれしいもの。「いつも厳しいことばかり言ってるけれど、そんなふうに思っていてくれたのか」と、上司に対して好意を持ちます。

とはいえ、褒め慣れておらず、どのように褒めればよいのかわからないという方もいるでしょう。そこで、部下を褒めるうえでのポイントを4点紹介します。

①当たり前のことでも褒める

私が実施する管理職向け研修において、「部下の良いところを3つ、改善すべきところを3つ挙げてください」と頼むことがあります。すると、「改善すべきところ」はすぐに挙げられるのに、「良いところ」を1つも挙げられない方が、結構いらっしゃるのです。

しかし、良いところ、褒めるべきところが1つもないということはありえません。それは、上司が「できて当たり前」と思ってしまっているからです。

「できて当たり前」と思っているようなこととは、例えば次のようなことです。

・毎日休まず出勤している
・出退勤の時間を守って勤務している
・一生懸命仕事に取り組んでいる
・かかってきた電話を積極的に取り、対応している
・職場の同僚と良好な関係を築いている

「そんなこと、社会人として当然だろう」と思うかもしれません。しかし、当たり前のことでも褒めるのが、部下を育成する場合の基本的姿勢なのです。

②部下の長所・強みを褒める

「穴を深く掘るためには、周りを広げなければならない」という言葉があります。人は、自分の得意な分野、強みを中心に成長していくのが、現実的であり理想的です。

皆さんの部下には、どんな長所・強みがありますか？ すぐに思い当たらない方は、

今からでも部下を観察し、「ここが優れている」とか「この業務が誰よりも得意だ」といった点を見つけてください。どんな部下でも、必ず長所・強みはあります。

そして、部下の長所・強みを見つけたら、そこをうんと褒めるのです。そして、部下の長所・強みをさらに伸ばしていきましょう。将来を見据えた部下育成に役立つことでしょう。

③心を込めて褒める

どんなに美辞麗句を並べ立てても、そこに心が込められていなければ、効果はありません。むしろ、口先だけの褒め言葉では相手に心が伝わらず、逆効果になることもあります。

うまい言葉で褒めようとか、上司としての威厳を示そうなどと考えるのではなく、自分の気持ちを素直に表現してみてください。人間味が伝わると、部下との心理的距離が縮まり、信頼感を高めます。

④具体的に褒める

ただ「良かったよ」と言うのと、「資料のこのポイントがよく練られていて、良かったよ」と褒めるのでは、相手の受け止め方が変わります。褒めるときは、何が、どう良かったのか、できるだけ具体的に褒めてください。

具体的に褒めるポイントがわからない場合は、日頃から部下の仕事を観察し、仕事ができた段階でどのように褒めようかと、あらかじめ考えておきます。

具体的に褒められると、部下は「上司は自分の仕事をよく見ていてくれた」、「自分を評価してくれた」とうれしく思います。そして、次の仕事を行うときの意欲が確実に高まります。

5. ケース ミスが多い部下との対話

〔経理職・課長Iさんの実例〕

Iさんは、部下の仕事上のミスが多いことにイライラしていました。部下は仕事が遅いうえにミスが多く、何度注意しても同じことを繰り返します。部下本人は、ミスをとがめると反省する様子を見せるものの、ミスが減ることはありません。それがまたIさんをいら立たせるのです。

面談では「これ以上ミスが続くようなら、厳しい評価をつけざるをえない」と脅してみましたが、ほとんど効果は見られず、今日もまた部下のミスを見つけて、ため息をついています。

対話で解決

部下の非を責めず、一緒に目標達成への方法を考える

「仕事上のミスが多い」、「仕事が遅い」といった部下は、自分でも自覚がありま す。そのため、上司から注意される、叱られると思いながら面談に臨みます。

しかし、部下との対話は、人格や性格を直すためのものではありません。あくまでも「仕事の遂行能力を向上させる」ためのものです。上司としては、あくまでも「目標設定と目標達成のためにはどうしたらよいのか」という視点で話をしてください。

Ｉさんのケースでは、面談に臨む部下を萎縮させないように、「ミスの多さ」や「仕事の遅さ」を批判するのをやめることから取り組みました。そして、克服するにはどのような目標を設定するとよいのか、目標達成のためにはどうしたらよいのか、何を学ぶとよいのかなどを一緒に考えることにしました。

例えば、「仕事上のミスが多い」という問題については、「仕事上のミスの件数をゼロにする」といった目標を立てることから始めました。目標達成のために、「何に注意して仕事に取り組むとよいか」、「何を確認しながら仕事を進めるとよいか」などの視点から、部下と一緒に対策を考えます。

また、「仕事が遅い」という問題については、仕事の期限を明確に決め、決められた期日内に仕事が終わるようにするために「1つひとつの小単位の仕事ごとに期限を決める」、「考えることに使う時間を決め、その時間内でわからなかった場合は、わかる人に尋ねる」など、具体的な対策を部下と一緒に考えていきました。

このように、対話を通じて細かに目標を立て、どのようにして達成するかを、部下と一緒に考えたのです。そして、実行に移る段階では、部下が安心して取り組めるように協力することも惜しみません。

次第に部下はIさんの考え方や気持ちを理解してくれるようになり、「ミスをしないように」、「期日に遅れないように」と心がけて行動してくれるようになりました。

6. ケース 部下の「仕事の壁」を取り除く対話

〔IT業界・マネジャーJさんの実例〕

中堅社員の部下は、チームのみんなから頼られる存在で、マネジャーであるJさんも信頼を寄せていました。

しかし、最近、部下が「仕事の壁」に突き当たっているようなのです。任せているプロジェクトはなかなか進捗せず、仕事に対するモチベーションも下がっているように感じます。

Jさんは、どのように部下の仕事に介入すべきか悩んでいます。

対話で解決

部下の話を聴き、気づきを引き出す

部下が仕事の壁に直面した場合、上司が解決策をすぐ教えた方がいいのか、上司が代わりに部下の仕事を引き受けた方がいいのか、など、対応が悩ましいものです。

ここで大きな力を発揮するのが、「対話」です。人は自分の思っていることを言葉にすると、思考が整理できます。また、話しているうちに、新しいアイデアが浮かんでくることもあります。

ですから、まずは部下の話を聴きましょう。

Jさんは、部下が直面している現状を把握したうえで、部下の「壁」をつくっているものは何なのか――知識や技術が足りていないのか、仕事の進め方を見直した方がいいのか、対人関係に問題があるのかなど、一緒に解決策を考えました。

部下は、抱えている仕事の悩みに上司が真摯《しんし》に耳を傾けてくれるだけで、安心し、気が楽になるものです。そして、話しているうちに気持ちが落ち着き、考えが整理され、自分で答えを見つけ出すことがあります。

また、対話においては、部下が自分で答えを見つけられるように、効果的に「質問」を取り入れるようにしました。

実は、部下から状況報告を受けたJさんは、「もしかしたら、ここに原因があるかもしれない」と気づいたのです。しかし、上司が解決策を提示し、その指示通りに部下に動いてもらうのでは、部下の成長につながりません。

そこでJさんは、「なぜ、この方法でやってみたの?」、「先方の○○さんは何と言っていたの?」などと適切なタイミングで問いかけながら、部下の気づきを引き出そうとしました。

そうした質問に答えているうちに、部下は、次のステップに進めない原因に気づいたようでした。そして、「まずは、この方法を試してみます。それでだめだったら、次はこうしてみます」と、自分で解決しようと意欲を見せたのです。

部下が自分で気づき、自分で答えを見つけ出し、自分で今後の目標を立てるのが最も理想的な形です。上司に指示されて行うよりも、はるかにモチベーションも高く取り組めるでしょう。

しかし、腰を据えて対話をしている時間はなく、緊急に解決しなければならない場合もあるでしょう。そうしたときは、「自分ならこうしてみる」という言い方で、部下に提案してみてください。

「仕事の壁」を乗り越えると、今までとは異なった視点で物事を見られるようになり、大きく成長します。

そして、このような体験を繰り返すと、部下は「上司と話をすると、良いアイデアや新しい考え方を学べる」という実感を持つようになります。そして、上司との対話を歓迎するようになっていくのです。

やってはならないのは、対話の中で部下の取り組み姿勢を批判したり、能力不足を指摘したりすることです。「君はいつも××だから」とか、「あなたのコミュニケーション能力に問題があるんだよ」などと口にするのは厳禁です。部下のモチベーションを著しく下げてしまいかねません。

対話は部下に気づきを促し、部下の成長につなげることと心得てください。

7. ケース 部下を褒めるのが苦手な上司の対話術

〔建設業・監督者Kさんの実例〕

建設業界で監督者として現場をまとめるKさんは、部下を褒めたことがありません。部下育成に効くのは叱咤激励であり、褒めると、部下が調子に乗ってしまうと考えています。

しかし、最近の若手社員は叱られ慣れていないのか、厳しく指導されると離職してしまうこともあり、会社の上層部からは、褒めて育てるように言われています。

しかし、Kさんは褒めることに慣れておらず、褒めてもわざとらしく聞こえてしまい、効果がないのではないかと不安を感じています。

対話で解決

部下を褒めることもマネジメントの一環

連合艦隊司令長官山本五十六氏の有名な言葉に、次のような言葉があります。

やってみせ、言って聞かせて、させてみて、褒めてやらねば人は動かじ。
話し合い、耳を傾け、承認し、任せてやらねば、人は育たず。
やっている、姿を感謝で見守って、信頼せねば、人は実らず。

褒めることに慣れていないと、部下を褒めるのは照れくさく感じるかもしれません。でも、山本五十六氏の言葉のように、部下を褒めることもマネジメントの一環です。照れるとか、恥ずかしいとか言わず、仕事と割り切って行動に移しましょう。

褒められると、人は仕事に愛着と誇りを持ちます。そして、その愛着と誇りは、仕事へのモチベーションを高めます。

仮に、褒められた部下が調子に乗ったとしても、それは愛着と誇りを感じ始めた良い傾向だと捉えてみてください。

褒め慣れていない人は、どのタイミングでどのように褒めればよいのかわからないものです。事例のKさんも、部下をどのように褒めればよいのかわからず、悩んでいました。

そこで、仕事を割り振る際に、「ここまでできたタイミングで、このように褒めよう」と、事前に決めておくことにしました。つまり、褒める計画を立てたのです。

そして、実際に部下から報告を受けた際に、「ここは難しいのに、よくできたな」などと、具体的なポイントを取り上げて褒めるようにしました。加えて、「たいしたもんだ」、「大変だったろう。よくやった」など、感情を込めて、部下をねざらいました。

また、どうしても褒めるところが見つからないというのであれば、「毎日休まず、遅れず出社して、よく頑張ってるね」、「毎朝みんなに明るくあいさつをしてくれて、職場の空気が明るくなって助かるよ」など、当たり前に思えることでも声をかけ、言葉にして褒めましょう。

8. ケース 報告をしない部下との対話

〔商社・課長Lさんの実例〕

「部下に『この仕事が終わったら、一度報告して』と伝えているのに、全然報告に来ないのです」――これがLさんからのご相談でした。

Lさんは待っているのに、いつまでたっても部下からの報告が上がってきません。自分から声をかけようか、いや、部下は仕掛かり中で、まだそのタイミングではないのだろうか……と、悩んでいました。

対話で解決

自分から声をかける

部下に仕事を与えることと報告をしてもらうことは、セットで考えなければなりません。

部下に仕事を任せるときは、「毎日、クライアントとのやり取りを日報に記録して、週に1回、まとめて報告して」などと報告頻度や内容、報告のときに用意すべき資料をあらかじめ決めて、指示を出しておく必要があります。

同時に、何かあったらすぐに報告するように伝えておくことも大事です。

それでも、現実的には部下はなかなか報告してこないものです。部下から約束の期日に報告がなかった場合は、上司は怒らずに自分から声をかけてください。

Lさんは、部下に仕事を依頼する際、報告についてきちんと伝えていなかったな、と自らの言動を振り返りました。そして、「この仕事が終わったら、一度報告して」といった曖昧な指示ではなく、「ここまでできたら、一度プレゼン資料を見せてほしい。仕掛かり中の場合でも、いったん金曜日に確認させて」などと、具体的に伝えるように変えました。

また、もし期日までに報告がなかった場合は、部下の報告を延々と待っているのではなく、自分から声をかけることにしました。

そして、対話する際は報告しない理由を問い詰めたり、注意したりせず、今の仕事の状況を聴いたうえで必要な対策を講じるようにしたのです。

自主的に報告してこない部下には、ただ待つのではなく「○月○日○○時に、会議室で報告してください」と、あらかじめ日時と場所を決めておくとよいでしょう。

約束の日に報告をしないことについて、悪びれる様子がなく、謝ることもしない部下もいます。しかし、そうした態度をいちいち気にしないことです。

仕事は1人で行っているのではなく、チームを組んで組織的に行うものです。その中で仕事を進めるにあたっては、「報告」は重要な位置づけであることを繰り返し伝え、根気強く育成していきましょう。

極意4

人として部下を尊重する

OK
部下
上司
お客様から言われた納期に間に合わなくて…
何が問題になっていますか？
困ったことがあれば相談してください
大変だったけどよくやりましたね！
「4褒め1叱り」を実践
① good
② fine
③ OK
④ perfect
あとはここを改善したら？…

NG
部下
上司
お客様から言われた納期に間に合いません…
じゃあ私が代わりに引き受けましょう
お先にー
面談中
問題……
ないですね…
やりたい放題に…
さん
今日休みなの？
これ直してほしかったのに
ええ
じゃボクやります…

1. 部下に感謝の気持ちを伝える

対話の目的は部下のモチベーションを高めること

部下との対話で、皆さんは部下にどんな話をしていますか？ 部下の業務のこと、キャリアのこと、部署の今後の目標など、上司が一方的に話して終わり、となっていませんか？

また、話の内容も「君は〇〇ができていない」、「この前もここをミスしたよね」など、部下の足りない点、未熟な点ばかりを指摘していないでしょうか？

対話の目的は、部下のモチベーションを高めることにあります。しかし、これでは、部下のモチベーションが下がることはあっても、上がることは期待できません。

例えば、皆さんも新入社員の頃に、研修で基本的なあいさつの仕方や、名刺交換の方法を学習したと思います。そうしたマナーを学ぶのは、相手を尊重し、生産性の高い仕事をするためです。

では、上司としてのマナーは、どのようなものでしょうか。言い換えるならば、部下に不快な思いをさせることなく、部下に生産性の高い仕事をしてもらい、そして部下との意思疎通を効果的に図るためには、どんなことに気をつければよいのでしょうか。

それは、部下に対して、人として尊重した態度で接することです。

部下も感情を持った生身の人間ですから、自分のことを尊重してくれる人のことは信頼しますが、自分のことを見下したり、邪険に扱ったりする人には不快感を示します。

部下との対話においては、いつも一生懸命に仕事に取り組んでくれていることへの感謝を伝え、労をねぎらってください。

「自分は大事にされている」、「上司は自分を評価してくれている」、「上司は自分の仕事ぶりを見ていてくれる」と実感することが、部下のモチベーションを上げます。日々の対話で感謝やねぎらいの言葉を惜しみなく伝えることが、部下との信頼関係を築き、部下から最高のパフォーマンスを引き出すのです。

モチベーションを高める対話の進行

具体的には、次のような流れで対話に臨みましょう。

①労をねぎらう

日頃の仕事の労をねぎらい、一生懸命仕事をしてくれることに対して感謝の気持ちを伝える。

例「先週の日曜日は休日出勤していたね。お疲れ様。繁忙期は業務量が多くて大変だけれど、精力的に取り組んでくれて、助かるよ」

②面談の目的と趣旨を伝える

何のための対話なのか、その概要を伝える。

例「今日は業務改善プロジェクトの進捗について、報告してください」

③仕事の状況について部下の話を聴く

順調に進んでいるところ、問題を抱えているところなど、仕事の進捗状況を聴く。

例「部内のヒアリングまでは完了したものの、資料がうまくまとまらず、苦戦しているんだね」

④できているところを褒める

順調に進んでいるところ、よくできているところなどを褒める。当たり前のことでも、言葉や態度に出して褒める。

例「メンバーへのヒアリングでは、1人ひとりに丁寧に課題を聞き出してくれて、ありがとう。私も初めて知ることが多く、勉強になったよ」

⑤改善してもらいたい点を含め、今後の対策を考える

改善が必要な点や、上司として指導すべき事項を含め、今後の対策を部下の意見を聴きながら考える。

例「資料の提出期限が迫っているので、なんとか形にしないといけないね。今後はどのように進めていこうか」

部下との対話で、一言目から「あれができていない」、「これが足りない」などと注意したり、叱ったりするのは避けてください。最初から叱責を受けては、部下も緊張して身構えてしまいます。

まずは何よりも、ねぎらいの言葉をかけることです。「遅くまで、お疲れ様」、「いつも熱心に会議に参加してくれて、ありがとう」、「○○さんの報告書は丁寧で読みやすくて、本当に助かります」など、感謝の気持ちを込めて、惜しみなく労をねぎらってください。そうすることで、部下もリラックスし、安心して対話に臨むことができます。

対話では、部下の話を聴くことが大切です。つまり、部下が進んで話をしてくれる環境を整えなければなりません。

そのためにも、部下との信頼関係は必須です。部下が積極的に上司に相談したくなる関係を築くことが、生産性の高い仕事へと結びついていくのです。

繰り返しとなりますが、上司としてのマナーは、部下を人として尊重した態度で接すること。部下に「自分は尊重されている」と感じさせることができなければ、部下との信頼関係は望めません。

2. 仕事の目的と全体像を共有する

「森」を示す

管理職を対象とした研修を行うと、部下に仕事の指示をする際、仕事の全体像や目的をほとんど説明していないという話をよく聞きます。

しかし、部下からすると、全体像の見えない仕事や、目的のわからない仕事に対して熱意を持って取り組むことはできません。自分の取り組んでいる仕事がどんなことを目的とし、どんなことに役立つのかわかって初めてやる気が生まれるのです。

部下に仕事の全体像や目的を伝えることは、部下を仕事仲間として尊重している態度にほかなりません。「自分もチームの一員として認められている」、「一緒に目標達成に向けて取り組んでいる」という実感が持ててこそ、部下の育成にもつながります。

上司が部下に仕事の全体像や目的を説明することで、部下には次のような効果が得られます。

・「やらされ仕事」ではなく、目標達成に主体的に関わるようになる。
・出すべき結果がわかることで、余計な仕事をしなくて済み、業務の生産性が上がる。
・出すべき結果がわかることで、業務を速く、効率よく行おうと考えるようになり、業務改善が進む。
・仕事の全体像や目的を知らされることにより、仕事への参画意識が増し、責任と意欲が増す。

また、部下に仕事の全体像や目的を説明することで、上司にも次のような効果が得られます。

・自分自身が目的を常に意識するようになる。
・部下からの問い合わせに対して目的を踏まえた応答をするようになり、言動に一貫性が生まれる。
・言動に一貫性ができると、部下からの信頼が得られる。
・仕事の全体像や目的が共有されることにより、部下とのコミュニケーションが円滑になる。

仕事の全体像や目的を説明することは、部下の視座を一段高めることになります。つまり、部下も「森」を見る目を手に入れるということです。

それは、部下の成長につながるとともに、上司にとっても頼もしい仲間を手に入れることでもあります。

「部下は会議には出席しないから」とか、「部下はプロジェクトの一部にしか関わっていないから」などと考えて説明を避けるのではなく、部下のモチベーションのためにも、そして自分自身のためにも、時間を割いて丁寧に、部下に仕事の全体像や目的を説明してください。

また、これは部下との対話でも同様です。その報告・面談などの対話が、会社の中でどのような位置づけになるのか、顧客にどのように役立つのかなど、仕事の全体像や目的を話し、共有することが重要です。

3. 期首面談で実践する

期首面談のポイント

期首面談とは、期首に部下の仕事の目標を確認するために行う上司と部下との面談のことです。

「極意1　部下の将来の目標を共有する」で、部下の将来のあるべき姿を見据えて6カ月ごとに目標を定めると述べましたが、期首面談はそのキックオフとなる位置づけです。

期首面談にあたって、次の2つのポイントを確認しましょう。

①部下との面談で伝えるべき事項を事前に準備する

部下との面談で伝えるべきことは、主に次の3つの事項です。

・部下の長所（3項目以上）
・部下の課題点（3項目以上）
・6カ月間の部下の仕事の目標

事前準備として、部下の長所と課題点をそれぞれ3つ以上考えておきます。部下のこれまでの職務遂行能力や、職場における仕事への取り組み姿勢などを振り返り、よくできたところ、改善が必要なところを検討しましょう。

「長所が見つからない」といった声をよく聞きますが、長所は、人より大きく優れている点や特筆すべき能力などである必要はありません。「納期を守っている」、「元気にあいさつをする」など、仕事をするうえで当たり前のことであっても長所として取り上げ、褒めてください。

大事なことは、伝える順番を間違えないことです。すなわち、部下の長所を伝えてから、課題点を伝えることが重要です。

また、この3点を伝えることによって、6カ月後に部下の言動がより優れたものに変わるかどうかをイメージしてみてください。

変わらないと思われるのであれば、伝えるべき3点をもう一度見直しましょう。自分がイメージしたとおりに変化するという確信が持てるまで、何度も内容を練り直すことが重要です。

この作業を繰り返すことによって、考えが深まり、精度の高い部下育成準備ができます。

②正しい順番で面談を進める

前節で述べたとおり、対話には正しい順番があります。期首面談を行う際は、次の順序で話を進めます。

・日頃の労をねぎらう
・仕事の状況について部下の話を聴く

・部下の長所を伝える
・部下の課題点を伝える
・6カ月間の仕事の目標を説明する
・今後の活躍を期待している旨を伝える

どのようなことを目的とする対話であっても、必ず、「ねぎらう」→「部下の話を聴く」→「良いところを褒める」→「課題点を伝える」という流れで行います。

課題点を先に話してしまうと、部下は「自分は批判されている」、「自分は評価されていない」というネガティブな感情を持ち、心を閉ざしてしまう可能性があります。

そのため、課題点を先に話してしまうと、その後、いくら良いところを褒めても、部下の心には入っていきません。結局、対話の効果はマイナス。部下にとっては「やらなければよかった」という感想しか得られないこともあります。

部下との対話は、良い点は認めてさらに伸ばし、課題点は上司も協力しながら改めるという姿勢で臨むことが必要です。

課題点を言葉で指摘しただけでは、部下はなかなか育ちません。一緒に取り組み、改善を目指しましょう。

そのうえで、今後の期待も併せて伝えます。

部下面談シートのひな型

期首面談に使用するシートの見本として、次ページに「部下面談シート」のひな型を掲載します。面談に臨む前に「部下面談シート」を作成し、面談時はシートに沿って対話を進めます。

部下面談シート

作成日　　年　　月　　日

部下氏名

作成者氏名

1. 日頃の労をねぎらう

2. 面談の主旨を伝える

3. 仕事の実績について話を聴く

4. 全体的に良かった点・褒めたい点を伝える

5. 部下の長所、よくできた点の中から具体的に3項目を伝える

6. 改善してもらいたい点、上司として気になった点の中から3項目を伝える

7. 今後6カ月間の「部下育成計画シート」案の説明をし、部下と意見交換をする

8. 面談を締めくくるにあたり、伝えること

9. 6カ月後の獲得成果の事前把握

10. 6カ月後の実績

では、各項目に記載する具体的な内容を見ていきましょう。

①日頃の労をねぎらう

・日頃の頑張りをねぎらう

・仕事への取り組みに対して感謝の気持ちを伝える

②面談の主旨を伝える

・より一層の成長を目指して、今後6カ月間の目標設定の場であることを伝える

③仕事の実績について話を聴く

・うまくいったことや課題点を聴く

・うなずき、相づちを打ち、耳を傾けてよく聴く

・不明なことは尋ねる

・理解しようと努力する

④全体的に良かった点・褒めたい点を伝える

・部下にリラックスして受け入れてもらうために、良い点を褒める

⑤部下の長所、よくできた点の中から具体的に3項目を伝える

・仕事に対する取り組み姿勢や仕事の成果、コミュニケーション上における良い点などから、３項目程度を伝える

・最初にうまくいったところ、努力したところなどを褒める

⑥改善してもらいたい点、上司として気になった点の中から3項目を伝える

・仕事に対する取り組み姿勢や仕事の成果、コミュニケーション上における改善すべき点などから、３項目程度を伝える

・途中、必ず部下の意見を引き出しながら行う

⑦今後6カ月間の「部下育成計画シート」案の説明をし、部下と意見交換をする

・会社や部署全体の方向性や目標を示す。育成計画の仕事が、会社や顧客にとってどのような意味を持つのか、全体像を示す

・なぜ部下にこの仕事を行ってほしいのかを伝える。部下に自分自身の仕事の重要性を認識してもらい、モチベーションを高める

・6カ月後にどのような仕事ができるようになってほしいのか、どのような知識や資格を取得してほしいのか、どのような取り組み姿勢を身につけてほしいのかを伝える

・上司からの説明後、部下の考えや希望などを聴き、意見交換する

⑧面談を締めくくるにあたり、伝えること

・活躍を期待している旨を伝える

・やる気や意欲を上げるために、プラス面を告げて終了する

⑨6カ月後の獲得成果の事前把握

・部下を育成することにより、6カ月後に部下の言動がどのように変化しなければならないのか、事前に把握しておく

※上司として把握しておくにとどめ、部下には伝えない。

⑩6カ月後の実績

・6カ月後、期待したとおりの成果が得られたかどうか、実績状況を記入する

このような準備を整えておくと、育成効果の高い、効果的な面談を行うことができます。

4.「どのようなチームにしたいか」を考える

チームのメンバーに求められる心構え

「部下を早く成長させたい」、「今以上に生産性の高い業務、生産性の高いコミュニケーションをつくっていきたい」、「新しい業務に挑戦し、新たな顧客、新たな売り上げ・利益をつくり出したい」――管理職は、常にこのような思いを持っています。

そのためには、新しい現実（新たな顧客、新たな売り上げ・利益）をつくり出すための目標を設定し、その実現を図っていきます。そして、この新たな目標を実現するには、メンバー全員がチームワークを組んで推進していくことになります。

「新約聖書」マタイ伝第9章の1節に、「新しき酒は新しき革袋に盛れ（新しい葡萄酒を古い葡萄酒の中には入れない）」という言葉があります。これは、新しい思想や価値観を表現するには、それに適した新しい形式や受け手の心構えが必要という意味です。

つまり、新たな顧客や新たな売り上げ・利益などを実現するには、チームのメンバーにも新たな心構えが必要だと解釈することができます。

チームの特性を決定づける要因

さて、皆さんは、どのようなチームづくりをしたいと考えていますか。

イギリスの心理学者レイモンド・キャッテル氏は、各個人が持つ「パーソナリティ」と同じように、集団が持つ特性のことを「シンタリティ」と呼んでいます。チームづくりとは、チームとしての特性を有するようになることと考えることもできるでしょう。

よく耳にするのが、自分の部署やチームを「切磋琢磨《せっさたくま》し合える部署（チーム）」、「明るく・前向き・活発な部署（チーム）」にしたいという意見です。

では、どうすればそうしたチームに育てることができるのでしょうか。チームの特性をつくる要因について考えてみましょう。

①しつけ

皆さんの職場では、毎日、メンバー同士であいさつが交わされていますか？　あいさつ、礼儀、身だしなみ、態度、言葉遣いなどは、職場における基本的なマナー・ルールです。

職場では、好むと好まざるとにかかわらず、毎日同じメンバーで顔を合わせて仕事をします。あいさつをしない人、身だしなみの乱れた人、無神経な態度や言葉遣いをする人には、同じ職場の同僚であっても不快感や警戒心を持ちます。

例えば、「おはようございます」、「お疲れ様です」といったあいさつは、業務を遂行するうえでは、何も意味はないように思えます。しかし、人間が基本的に持つ警戒心を解き、意欲やチームワーク形成、職場の雰囲気形成に大きな意味を持つものです。

職場は血のかよった感情を持った人間の集団です。互いに気持ちよく仕事ができる環境を整えることが、生産性の高い仕事につながります。そうした意味で、あいさつは非常に重要な役割を果たしているのです。

明るく、前向きで、生産性の高い部署をつくるためには、仕事をするうえでの基本的なこと、すなわち、あいさつ、礼儀、身だしなみ、態度、言葉遣いなどをきちんと行うように、メンバーにしつけることが重要なのです。

②「学習のために仕事をする」という考えの徹底

孔子の「論語」の中に、次のような言葉があります。

子曰、学而不思則罔、思而不学則殆
（子曰く、学びて思わざれば則ち罔《くら》し、思いて学ばざれば則ち殆《あやう》し）

（訳）孔子先生はおっしゃいました。学んでも考えなければ、道理を理解することはできない。また、自分で考えるだけで学ぼうとしなければ、考えが凝り固まってしまい独善に陥る恐れがある。

孔子の言葉を実務に置き換えると、「いくら書籍などで学習しても、実践してみなければ何も得られない」と、なります。

知識や技術などは、頭で理解すればよいというものではありません。仕事の中で実践し、成果を得て、初めて身につくものなのです。こうした「知識」と「実践」を繰り返し経験することで、仕事を遂行するための能力が身についていきます。

そして、このような実践的な経験を積み重ねることができる唯一、最良の場所が職場であり、仕事です。「昨日の正解は、今日の不正解」ともいわれる今は、チャレンジが必要な時代ともいえます。つまり、実践ありきの姿勢で仕事に取り組むことが求められるのです。

心理学に「ピア効果」という言葉があるのをご存じでしょうか。ピア効果とは、意識や能力の高い集団の中に身を置くことで切磋琢磨し、お互いを高め合う効果のことをいいます。

高い意識や能力を持った人たちが集まり、お互いに刺激・感化し合うことにより、集団全体のレベルアップに加え、個々の成長にも相乗効果をもたらすというものです。

これは、チームづくりにも当てはめることができます。つまり、メンバー同士が高い意識を持つことで、互いに高め合い、それがチーム全体に伝播《でんぱ》するということです。

「仕事は学習のために行う」という重要な側面があることをメンバーに徹底しましょう。互いに学び合うことで刺激となり、切磋琢磨するチームへと育つでしょう。

5. ケース 部下の仕事のミスを厳しく追及する上司の対話術

〔中小企業経営・Mさんの実例〕

中小企業の社長であるMさんのもとに、社員が相談にやってきたそうです。「仕事で些細なミスを重ねてしまったところ、課長がみんなの前でミスを厳しく追及して、こっぴどく叱られた。もう課長の下で仕事を続けたくない。退職したい」という相談でした。

その課長は、過去にも別の社員のやる気をそぎ、退職に追い込んだことがあります。Mさんの会社は少数精鋭で回しているため、社員の退職は大打撃を受けます。課長に態度を改めてもらうには、どうすればよいでしょうか。

対話で解決

心理的安全性を確保する

仕事のミスや水準の低さ、抜け・漏れなどは、きちんと指摘し、厳しく追及して部下にわからせなければならないと考えている上司が多いものです。そういった方は、すべてのミスを言い切らないと気が済まない傾向があるように見受けられます。しかし、上司が部下に対して、1から10まではっきり告げるのは得策ではありません。

正しいことを言えば、相手に正しく伝わるというものではありません。いくら内容が正しくても、相手に応じた言い方を考えなければ、相手に正しく伝わらないのです。

上司には、高品質のものを顧客に納品する、原価を抑えて利益を確保するなど、仕事に対する責任があります。その責任感の強さから、部下にきつく当たってしまうこともあるようですが、困ったことに、「部下にきつく当たっている」という事実を自覚していないケースが多いものです。

ミスをした場合、部下自身がその事実を認識できているのであれば、それ以上追及する必要はありません。自分で自覚しているミスをとことん追及されると、「非難された」、「否定された」と感じて、反発心や敵対心などの別な感情が生まれます。

最近、「心理的安全性」という言葉がよく用いられます。「心理的安全性」とは、1999年にハーバードビジネススクールのエイミー・C・エドモンドソン教授により提唱された概念のことで、目的達成のためにチームの中で率直にものが言える状態を意味します。

2015年11月、グーグルが自社の情報サイト「re:Work」上で、アメリカの大手通信社であるAP通信（Associated Press）との共同研究の成果として、「チームを成功へと導く5つの鍵」を発表しました。

①心理的安全性（Psychological safety）

不安や恥ずかしさを感じることなく、リスクある行動を取ることができるか。

②信頼性（Dependability）

限りある時間を有効に使うため、互いに信頼して仕事を任せ合うことができるか。

③構造と明瞭さ（Structure & clarity）

チーム目標や役割分担、実行計画は明瞭であるか。

④仕事の意味（Meaning of work）

メンバー1人ひとりが、自分に与えられた役割に対して意味を見いだすことができるか。

⑤仕事のインパクト（Impact of work）

自分の仕事が、組織内や社会全体に対して影響力を持っていると感じられるか。

グーグルのレポートでは、「①心理的安全性」はチームを成功に導く最も重要な要素であり、その他の４つ（信頼性、構造と明瞭さ、仕事の意味、仕事のインパクト）を支える土台であるとされています。

誰もが、自分は一生懸命に仕事をしていると思っています。それなのに、自分のミスや水準の低さなどを追及され、批判されると、部下は不安や恐怖心を感じ、安心して仕事に取り組めなくなる可能性があります。

部下にとっては、先述した「チームを成功へと導く5つの鍵」のすべての項目を失ったような気持ちになります。

このような状態になると、部下は精神的な健康を損なったり、離職を選択したりすることになりかねません。

部下との対話の中でミスを指摘しなければならないときは、先に長所や良いところを伝えたうえで、「注意しながら、振り返りながら、考えながら仕事をすると、今後もっとよくなる」といった言い方で伝えるのが基本です。

上司の仕事は、部下に自信と安心感を与えることだと理解することです。

まずは、「心理的安全性」などの部下の心理に対する理解を深め、自分の感情をコントロールすることを学んでください。

それから、部下にミスなどの指摘をする際は、伝え方をよく考慮したうえで、相手に配慮しながら伝えることが必要です。

6. ケース 部下に厳しいことが言えない上司の対話術

〔会社経営・Nさんの実例〕

Nさんが経営する会社で課長職にある女性は、良く言えば優しい。悪く言えば、部下に甘い。

Nさんから見ると、その女性課長は部下に嫌われたくないのか、部下に迎合しているように見え、部下に言うべきことをきちんと注意できていないのが懸念点です。

これでは、いつまでたっても上司と部下の信頼関係をつくることができないのでは……と、Nさんは心配しています。

対話で解決

「もっとこうすればよくなる」という表現で伝える

前項のケースとは逆に、部下に厳しいことを言えない上司というのも存在します。上司と部下という関係性に限らず、相手に嫌われたくないという気持ちは、人として普通のものです。しかし、嫌われたくないから何も言えないというのでは、上司としての務めを果たせません。

対話において、部下に配慮しすぎて仕事を任せられないとか、部下に遠慮して厳しいことを言えずに雑談だけして終わるなどでは、表面上は良好な関係に見えても、実際には部下を成長させることができず、信頼関係が築けているともいえません。

管理職として部下育成にあたる以上、嫌なこと、厳しいことを伝える方法も習得する必要があります。嫌なことというのは、部下の仕事上の課題点や注意すべき点などです。

26ページで紹介したとおり、「不安や恐怖などの悲観的感情は、楽観的な感情の3倍以上の力で、人間の行動を支配する」という研究結果があります。

誰でも、自分の至らないところを直接的に指摘されると、不快な感情を抱くものです。ですから、良いところを取り上げ、認め、褒めた後に、「もっとこうすればよくなる」という言い方で伝えることが重要です。

「4褒め1叱り」という言葉もあるように、1つのことを注意するときは、「4つ褒めてから1つ注意する」が、バランスのよい注意の仕方といわれます。

上司になった以上、部下を注意する場面は必ず発生します。そのときは、逃げたり、曖昧にしたりしてごまかすのではなく、「もっとこうすればよくなる」という表現で伝えましょう。

「ここを改善すると、あなたの成長につながる」と、真摯に、冷静に伝えれば、部下も否定的に捉えず、むしろ、信頼が増すことでしょう。

上司と部下の関係には、正解はありません。部下の成長のために、上司として行うべきことを行い、伝えるべきことを伝える。これらの実践により、自分なりの上司像をつくることができます。

極意5

会話のルールを順守する

OK

君にこのプロジェクトを任せたい
上司
部下
やりがいがありそうです！
でも本心は…
他のメンバーから
上昇志向強いよな
上司に気に入られてるじゃない
と思われたくない
最近オーバーワークだし…
チームミーティング
○○さんにこのプロジェクトを任せようと思ってます
あの
実は
今ほかの案件が…
なるほど…
後で声かけてみよう

NG

君にこのプロジェクトを任せたい
上司
部下
やりがいがありそうです！
○○さんにこのプロジェクトを任せようと思ってます
チームミーティング
今ほかにたくさん案件を抱えてるので
別の人に頼んでもらえますか
え
やりがいがありそうです
意見をコロコロ変えるなぁ
どっちが本心なんだ

1. 部下の話は「能動的に聴き、受動的に話す」

「聴く」と「話す」の割合は8対2

皆さんは、部下の話をきちんと聴けていますか？　部下に限らず、人の話を聴くのはなかなか難しい面があります。

例えば、部下から口頭で報告を受けるとき。業務中の忙しい中、自分はすでに経験したことがある仕事の報告を受けるとなると、落ち着いて聴くことの方が難しいかもしれません。

しかし、上司になった以上、部下のために時間を使う覚悟が必要です。特に、「部下の話を聴く」ことに時間を使うことが求められます。

「聴く」という字は、「14の心で耳を傾ける」と書きます。部下の話は、受け身ではなく、能動的な姿勢で聴き、部下の話の意図や真意を理解するようにします。話の内容だけでなく、話をするときの態度や身振り手振りなどの様子を、五感を動員して聴いてください。部下は、自分に何を伝えたいのかを感じ取ることが重要です。

部下の中には話し下手な人もいるでしょう。上司の前では緊張して、よけいに上手に話せなくなる部下もいます。

そうした部下には、話を整理し、要点をまとめ、内容を確認しながら話を聴いてあげると、部下も落ち着いて話をするようになります。

上司がきちんと話を聴く態度を示すと、「上司は自分のことを理解しようとしてくれる」、「自分を認めてくれる」と思い、部下は安心感を抱きます。それがまた、何でも相談できる関係へとつながっていくのです。

忙しそうに、イライラしながら仕事をしている上司には、声をかけづらいものです。上司は部下から見られていることを常に意識して、声をかけやすい雰囲気づくりを心がけることが必要です。

また、上司が部下に話をするときは、自分の話が相手に伝わっているか、理解してもらえているかを確認しながら話すことが重要です。これは、「受動的な話し方」ということができます。

一方的に伝えて終わり、ではなく、自分の話した内容を短く整理して繰り返し伝えたり、例え話を交えたり、相手の反応を見ながら、時には「わかりましたか？」と自分の話が伝わっているかどうか、直接確認してみることも必要です。

一般的には、部下の方との面談では「聴く」と「話す」の割合が「8対2」になるように心がけてください。

部下に「話ができた」、「話を聴いてもらえた」という実感を持たせることが大切です。話すことによって自分の考えが整理でき、主体的な姿勢を持つようになります。

ここまでに掲げたことを踏まえて、綿密で丁寧なコミュニケーションを意識的、計画的にとっていきましょう。

繰り返しとなりますが、部下の話を聴く時間は大切にしてください。きちんと部下と向き合うことで、部下に対する上司の温かい気持ちが伝わり、部下から信頼される上司となることができます。

2. 自分の言葉で話す

上司は部下に「本気で話す」

脳科学者の茂木健一郎氏の著書『脳を活かす仕事術』(ＰＨＰ研究所)の中に、「脳の引き込み現象」に関する記述があります。

脳は予測できる部分とできない部分のバランスが整った「偶有性」に満ちたものや、

相手が本気で言っていることなどには、興味や関心、注意を向けます。そして、相手の話にいったん引き込まれると、その状態が続いている限り集中力が持続し、さらにグーッと引き込まれていくのです。

相手に大事なことを伝えるためには、自分の言葉で話すこと、つまり「本気で話すこと」が重要であるとわかりますね。

例えば、人事制度の改変や組織の目標などの重要な決定事項を、会社から送られたメールをそのまま部下に転送していませんか？

会社から指示されたことを、会社から指示された内容そのまま部下に伝えるだけでは、部下にはその重要性が伝わりません。

上司としての自分の仕事や役割について、今一度考えてみてください。上司としての仕事に付加価値をつけるには、どうしたらよいでしょうか。

会社からの決定事項をただ右から左へと流すだけの上司と、すべて自分の責任としたうえで、自分の言葉で部下に伝える上司を比べた場合、後者の方が部下から支持され、信頼されるのは言うまでもありません。

上司が部下と話をするときは、相手に応じて話の内容や話し方を変えて、その部下が理解しやすいように配慮することが大事です。

例えば、入社1年目の若手社員に話すのと、20年以上の経験を持つベテラン社員に話すのでは、話し方に工夫が必要です。ベテラン社員には簡潔に伝えてもすぐに理解してもらえることでも、若手社員にはやさしい言葉を用いて丁寧に説明しなければ伝わらないこともあります。

自分の言葉で話すことを心がけると、仕事に対する知識や経験を踏まえた考えの深さ、上司・同僚・部下・顧客に対する気遣いや配慮、仕事に対する責任感や熱意などが、自然と言葉の中に表れるようになります。

つまり、本気さは言葉に生命力を宿すのです。

話の内容より、気持ちや感情の方が伝わりやすい

「メラビアンの法則」をご存じでしょうか。アメリカの心理学者アルバート・メラビアンが1971年に提唱した心理学の法則の1つです。

メラビアンの法則によると、人と人とのコミュニケーションは、態度や身振りなど、身体から受ける情報が55％、声の大きさや抑揚など、言語ではなく音声から受ける情報が38％、言語そのものから受ける情報が7％とされています（図5-1）。

メラビアンの法則には諸説あるようですが、いずれにせよ、言語だけがコミュニケーションの手段ではないということです。むしろ態度やジェスチャーなど、言語以外のところで、私たちはたくさんの情報をキャッチしたりキャッチされたりしていることがわかります。

メラビアンの法則における「言語以外の情報」とは、気持ちや感情と読み取ることもできます。

職場の中で上司と部下が交わすコミュニケーションにおいて、上司の態度や表情、声の大きさなどにより、部下は、話の内容以上に、そのときの上司の気持ちや感情をキャッチします。

つまり、「何を話したか」より「どのように話したか」の方が、部下に影響を与えると考えることもできます。

口ではどんなに「ありがとう」と感謝したり、「よくできてるね」などと褒めたりして

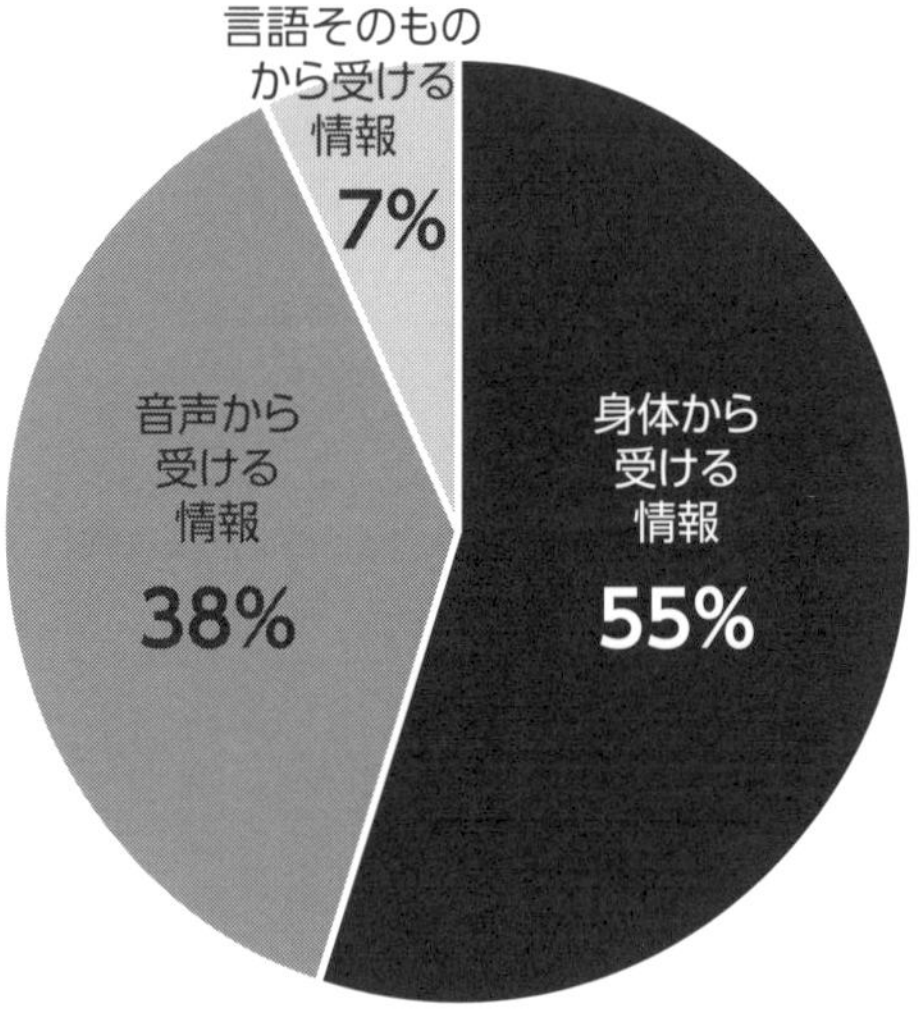

図5-1　メラビアンの法則

も、目を合わせない、ながら作業を行う、口調が冷たいなどのぞんざいな態度をとると、部下は、その態度の方から上司の感情を読み取るということです。

こうしたことも念頭に置き、部下と対話をする際には、相手にどのように伝わるかを考慮して話をしましょう。

3.「上司」という立場を自覚する

「ヘッドシップ」と「リーダーシップ」を使い分ける

「ヘッドシップ」という言葉があります。これは、「権限のある者の命令には、その部下は絶対に服従しなければならない」という、権限による統制方式のことをいいます。

一方、「リーダーシップ」は、チームの目標を達成するために必要な部下1人ひとりの行動を導き出す能力です。部下1人ひとりとのコミュニケーションや、職場全体のコミュニケーションを密にし、協力体制を築き上げ、やる気を引き起こすことで、目標達成につなげます。

権限に基づく命令を強制的に部下に実施させることよりも、別次元の高い能力が要求されます。

リーダーシップは、上司である自分の影響力が、部下たちに自発的に承認受容されることでもあり、権力に依存しない効果的な影響力の行使を意味するものであります。

しかし、実際の職場においては、リーダーシップだけでは統制をとることが難しい面もあります。ヘッドシップとリーダーシップを、その時々の状況に応じて使い分けることが必要です。

何気ない言葉が部下にプレッシャーを与える

人はコミュニケーションをとるときに、自分を基準に話をしてしまいがちです。また、上司の立場にある人の言葉は、部下にとって、強制力、威圧感をもって伝わりやすいものです。

このため、例えば次のような言葉は、上司はそんなつもりがなくても、部下にプレッシャーを与えてしまうことが多々あります。

「このぐらいの負荷の仕事をするのは当たり前」
「これくらいなら無理をしても大丈夫」
「そんなことは言われなくてもやるべき」

上司が持っている自身の価値観が、雰囲気として部下に伝わるのです。それが無言のプレッシャーとなって、部下にのしかかります。

「自分は一生懸命やっている」、「認めてほしい」という感情は、多くの部下が持っているものです。自分の部下がどのような気持ちで働いているのかを常に考えて、対話を心がけてください。

「部下の成長を念頭に、温かい気持ちで部下と接する」というのが、上司が部下とコミュニケーションをとるときに持つべき基本姿勢です。

上司という立場にあるだけで、部下からは、自分より上にいる、強い存在として見られているのです。自分が発する何気ない言葉が部下を傷つけたり、部下の心理的安全性を脅かしたりしていないか、常に自己問答してください。

4. 変えられるのは部下ではなく自分

視点を「部下」ではなく「自分自身」に向ける

私たちは、職務の遂行の過程でさまざまな課題に直面します。課題に直面した際に、多くの上司は、「部下の取り組み姿勢に問題があるから、うまくいかない」と考えます。そして、別の対策方法を考えて、手を打とうとします。

しかし、ここで大事になるのが、部下だけでなく、上司としての自分の考え方や意識の持ち方、業務スキルなど、「自分自身に問題はないのか」という視点です。「部下のやる気がないからできない」というように、部下にだけ問題があるという考え方を、いったんリセットしてみてください。

ほとんどの部下は、「よい仕事をしたい」、「仕事を通して成長したい」と思っています。「部下のそうした気持ちを理解できていない、引き出そうとしない自分にも問題があるのではないか」という視点を持つだけで、見える世界が変わります。

また、顧客からクレームが入った場合、その原因を「部下の能力不足や不注意」と考えていませんか？「自分の仕事の与え方や、部下の仕事への介入の仕方が悪かったのではないか」という視点が抜け落ちていませんか？

こうして文章にしてみると、当たり前のことのように思えるかもしれません。しかし、部下の問題ばかりに目が行ってしまい、自分自身に目を向けられずに問題が解決できない上司が多くいるのも事実なのです。

とどのつまりは「自分の問題」

ロシアの小説家トルストイ氏の言葉に、次のようなものがあります。

すべての人は世界を変えたいと思っているが、自分を変えようとは思ってはいない。

上司からよく聞く相談に、「部下の方から自分に話しかけてこない。自分が尋ねない限り、部下は自主的に仕事の報告をしない」というものがあります。

部下にも問題はあるかと思いますが、部下の方から上司に話しかけてこないのは、上司である自分にも何らかの問題があるのかもしれません。

例えば、話しかけづらいオーラを醸し出しているとか、前回部下から話しかけてきたときに邪険に扱ってしまったとか、そうしたことへの内省がおろそかになっていることがよくあります。

このように、部下の問題ではなく上司自身の問題であることに全く気づかずに、部下の言動を変化させようとするのは無駄です。手を替え品を替えて、部下を変えようといろいろな施策を繰り出しても、部下が自分の思い通りに変わってくれることは期待できません。

とどのつまりは、自分の問題なのです。部下に対する考え方や言葉、態度など、自分の接触の仕方を変えなければならないことに気づく必要があります。

交流分析で有名なカナダの精神科医エリック・バーン氏の言葉に、次のものがあります。

他人と過去は変えられないが、自分と未来は変えられる。

今、管理職として活躍している方は、自分を成長させ、未来を変えるのが得意です。また、自分と未来を変えるのが仕事ともいえます。

目標が達成できなかったとき、課題に直面したときなどは、部下を含む他人のせいにせず、上司としての自分に目を向けてください。考え方や意識の持ち方が悪いのか、上司としてのスキル不足なのか、まずは「自分の問題ではないか」という視点を持つことが重要です。

5. ケース「仕事ができない部下」との対話

〔小売業・店長Oさんの実例〕

Oさんの悩みは、仕事ができない部下のことです。

Oさんは、部下が仕事で失敗をしたり、効率よく仕事を進められなかったりするのを見るたびにイライラしてしまい、どうしても小言が多くなりがちです。その部下もOさんのことを避け、距離を置きたがります。

部下を育てたい、伸ばしたいという気持ちはありますが、どうすればよいのかわかりません。

対話で解決

組織における役割を認め、対話を通じて成長を促す

京セラの創業者稲盛和夫氏の言葉をご紹介しましょう。

昔から「人は石垣、人は城」と言います。企業を城に見立てれば、従業員は石垣です。石垣の中には、大きな石もありますし、小さい石もあります。頑丈な石垣には、大きな石だけではなくて、その大きな石と石の間に必ず小さな石がたくさん嵌《は》め込まれていて、この小さな石が、石垣全体を強固にする働きをしているのです。

この小さな石のように、能力はそれほどなくても人間性がすばらしく、周りの人の心をまとめ、一生懸命、会社のために尽くそうとされている方がいます。そういう人は、会社を筋肉質で経営するのには無駄だと思われるかもしれませんが、決してそうではありません。そういう人を雇用しておくということは、短期的にはロスを生じさせているように見えますが、長期的に見ると組織を強固にしてくれるので、

会社にとって大きな財産となるのです。

（中略）

筋肉質経営というのは、必ずしもやり手の人だけを選ぶことではありません。やり手の間に、人間味あふれるすばらしい人材がいなくては、会社は成り立たないのです。

ですから、能力はなくても真に会社のためを思い、役に立とうとする人がいたら、そういう人を大事にすることです。目先の役には立たなくても、必ず将来、すばらしい仕事をして、みんなによい影響を与えてくれます。そう信じて間違いないと思います。


『高収益企業のつくり方 新装版：稲盛和夫の経営問答』

（稲盛和夫著、日経ＢＰマーケティング）より

組織には調和が大切です。各人の役割があります。「仕事ができる」もしくは「仕事ができない」という理由で社員としての価値が決まるわけではありません。

例えば、「広い地域に良い影響を与える仕事」と「限られた小さな地域に良い影響を与える仕事」を比べてみましょう。

メディアなどで取り上げられるのは「広い地域に良い影響を与える仕事」かもしれません。そのため、こちらの仕事の方が華々しく感じられ、優れた仕事のように思えることもあるかもしれません。

しかし、どちらの仕事も、そこで暮らしている人にとっては価値のある尊い仕事です。どちらの方が価値が高いかを決めることはできません。両方の仕事があるからこそ、社会全体が機能しているのです。

「仕事ができない」と思っている部下も、先に紹介した稲盛氏の言葉における「小さな石」のように、組織の中で果たす役割があるのです。

皆さんには管理職として、「仕事ができないダメな部下」や「使えない部下」といった価値観を捨て、組織全体を見渡す大局的な視点から人材について考えていただきたいと思います。

また、部下自身にとっては、働くことは人生をかけた問題でもあります。上司から「仕事ができない」、「使えない」などと判断され、成長の機会を与えられないのは、部下の人生をないがしろにしかねない扱いです。

上司は、部下の業務遂行能力を踏まえて与える仕事を検討し、仕事を与えた後には対話を通じて指導・育成を行います。

「仕事ができない」と感じる部下との対話では、できていない仕事の状況を聴き、なぜできなかったか、その原因を一緒に考えます。そして、仕事に関する知識を与える、仕事のやり方を教えることを繰り返しながら、部下の成長を促します。

もちろん、部下自身にも学習する姿勢が必要です。しかし、できないことを責め、部下を追い詰めるような会話は避けてください。

仕事ができるかどうかにかかわらず、それぞれの部下の状況や個性に応じた細やかな配慮を心がけましょう。

6. ケース 1対1と集団のときで話が変わる部下との対話

〔製造業・課長Pさんの実例〕

Pさんは、部下の態度に不信感を抱いています。その部下は、Pさんと1対1で話すときと、チーム全体で集まって話すときで、発言の内容が変わるのです。

例えば、新商品開発プロジェクトで検討していた、ある企画について。Pさんと1対1で話していたときは、部下は「やりがいがありそうなので、ぜひ自分に担当させてほしい」と口にしていました。しかし、チーム全員が集まるミーティング時には「今、自分はほかの案件をたくさん抱えているので担当できない。別の人にお願いしたい」と言うのです。

Pさんは驚き、どのように対応すればよいのか迷っています。

対話で解決

部下の心理状況にも理解を示す

『なぜマネジメントが壁に突き当たるのか』（東洋経済新報社）において、著者田坂広志氏は「複雑系」について次のように例を挙げて、解説しています。

例えば「水分子」です。

良く知られているように、一つの水分子は二つの水素原子と一つの酸素原子が結びついて出来ています。しかし、水分子の性質は、水素原子とも酸素原子とも違う性質を示します。すなわち、水素原子と酸素原子が結びついただけで、新しい性質が生まれてきたのです。

（中略）

このように、水分子ひとつを取り上げても、「複雑化すると、新しい性質を獲得する」という特性を示すことが良く理解できるでしょう。

これを会社という組織に当てはめるならば、「1人ひとりの社員」が「チーム」になり、さらに「チームや部署が集まった会社全体」になると、それぞれが特有の性質を持っていると考えることができます。つまり、それぞれが独自の行動基準や価値観などを持っているというわけです。

この点に配慮して、チーム全員のときと1対1のときで、話す内容を工夫する必要があります。もちろん、一貫性のある話をすることは大事ですが、聴く側の心理の違いを理解し、意識して話さなければなりません。

Pさんのケースのように、部下が1対1のときに話したことと、集団になったときに話すことが異なるのは、よくあることです。話の内容が変わったからといって、闇雲に部下を責めてはいけません。

なぜ発言内容が変わったのか、部下の心理状況を考えてみてください。部下からすると、チームという集団の中での自分の立場や仲間意識を考えたうえでの発言かもしれません。

例えば、別のメンバーから「意識高い」、「上昇志向」などと揶揄《やゆ》されるのを避けたのかもしれません。もしくは、上司にやる気を見せようとしたものの、現実的には引き受けられないと考えるに至ったのかもしれません。

こうした部下の態度を「心が弱い」などと否定的に考えるのではなく、それはそれとして理解して、尊重しなければなりません。

対話の中で、部下の方から、1対1で話したときとチームミーティングで話したときで発言が変わったことについて、説明があれば耳を傾けましょう。もし部下の方から釈明がなければ、「なぜ発言内容を変えたのか」などと問いただすことはせず、今の仕事の状況を聴き、課題点について一緒に考えてみてください。

実際のところ、部下は、1対1で話したことと、集団の中で話したことが違うという認識を持っていないこともあるのです。対話を繰り返す中で、根気強く部下の真意を確認していきましょう。

上司は、職場でいくつもの矛盾に直面します。今回のような「1対1と集団で、部下の発言が違う」というものもあれば、次のような矛盾もあるでしょう。

・「部下の意向」と「会社の意向」
・部下指導時における「厳しさ」と「優しさ」
・「鬼になるべきとき」と「仏の心が必要なとき」
・「リスクを覚悟で取り組むべき事項」と「守るべき事項」
・「突発的な受注」と「残業抑制」
・「自分自身の我欲」と「会社や部下への奉仕の精神」

アメリカの作家スコット・フィッツジェラルド氏の言葉に、「相矛盾する両極端の性格を併せ持ち、それを矛盾なく機能させられる能力を持つ人のことを最高の知性の持ち主という」というものがあります。

いずれにしても、矛盾を抱えながらも意思決定を下さなければならないときは、「仕事の目的や、目標達成のためにはどうするのがよいのか」、「会社や担当部署の発展のためにはどうするとよいのか」、「部下の成長のためにはどうするとよいのか」など、合目的的に考えることが求められます。

個人的な感情や評価、人間関係などを判断の基準としてはいけません。

理屈では理解できない不合理さを抱えているのが人間です。上司も部下も同じく人間なのです。部下の心理状況も理解して、指導育成にあたりましょう。

7. ケース できるはずの仕事ができない部下との対話

〔サービス業・マネジャーQさんの実例〕

何度か対話を繰り返し、きちんと説明をしたうえで部下に仕事を任せたQさん。部下も「わかりました」と了解し、納得して引き受けました。

にもかかわらず、当初立てた予定通りに進められず、心配したQさんが介入するまで報告してくることもありませんでした。

部下にとって手に余る仕事ではなかったはずなのですが、部下のやる気がなかったのでしょうか。もしくは、部下の能力から見て、難しすぎたのでしょうか。

Pさんはもやもやした気持ちを抱えています。

対話で解決

部下の事情を聴き、自分の非にも目を向ける

まずは部下と対話の場を設けて、「指示した仕事について、私としては、指定した日までに、このような成果物ができると思っているのですが、今どのような状況ですか?」といった言い方で、状況を聴きましょう。

そして、指示通りに遂行されていないことが確認されたならば、なぜできていないのか、理由を尋ねます。

できるはずの仕事が指示通りに遂行されないと、上司は、その原因を部下のやる気のなさや能力不足だと考えがちです。

しかし、自分が知らない部下の事情があるのではないか、自分の仕事の与え方にも問題があったのではないか、という視点で考えてみることも必要です。

次の項目に沿って、まずは上司である自分自身をチェックしてみてください。

・自分が指示した内容と、部下が理解した内容にズレは生じていないか。
・仕事の結果として出すべき成果物について、部下にきちんと伝えているか。成果物の内容を部下と共有できているか。
・そもそも仕事をよく理解してから指示をしているか。指示内容は的外れでないか。
・仕事に対する部下の考えを聴いているか。指示された仕事について、部下は納得できているか。
・ほかのチームメンバーとの関係上、仕事を進めにくい状況になっていないか。
・部下のスキルや仕事の難易度から見て、介入の仕方は間違っていないか。

部下は、指示された内容がよくわからないこともあります。与えられた仕事に取り組めない事情があるにもかかわらず、上司に正直に申告できないこともあります。それにもかかわらず、口では「わかりました」と言うことがあるものです。

こうしたことを批判的に捉えるのではなく、まずは部下には部下の事情があるのではないかと考え、状況を聴いてみることから始めてみてください。

「説明がよくわからなかったけれど、質問しにくい雰囲気だった」、「途中で進捗を相談したかったけれど、上司が忙しそうで声をかけにくかった」などの理由があるかもしれません。もしくは、部下の健康上の問題や、家庭の事情などが背景に隠れていることもあります。

部下のやる気や能力の問題ではなく、自分が知らない事情があるかもしれないということに目を向けてみてください。

ただし、完全に部下の身勝手な理由で指示に従わないというのは、全く別問題です。このような状況が判明したときは、自分1人で悩んだり考えたりせず、自分の上司と相談し、会社として対策を考えることが必要です。

8. ケース 部下の意見はおかしいと感じるときの対話

〔金融業・部長Rさん〕

部下と仕事の話をしていると、「全然わかっていないな」と思ったり、時には「なんて幼稚な考えなんだろう」と感じたりすることがあります。

例えば、部下であるチーム長と話していると、「部下には気合と根性で受注を取ってきてもらう」とか、「年上の部下は扱いづらいから、大事な仕事は与えたくない」といった発言を聞くことがあります。正直、リーダーとしての能力に問題があるように思え、本当にチームを任せて大丈夫だろうかと不安になるほどです。

対話で解決

部下の話の背景を理解する

部下の仕事に対する考え方などを聴き、「全然わかっていないな」、「その発言はおかしい」と感じることもあるでしょう。

そうしたときには突き放すのではなく、「なぜ、そのような発言をするのか」、「なぜ、そのような考え方をするのか」に、思いを巡らせてみてください。それが、上司としての自分の幅、領域を広げていきます。

「人の話を聴く」ということは、相手が今まで時間をかけて蓄積してきた経験や、そこから得た信条などを聴けるチャンスです。

自分が納得できない、理解できない話を耳にしたときも、相手を批判するのではなく「なぜ、そのような考え方をするのか」と、その考えに至った背景を理解することが必要です。

「その考え方はおかしい」などと否定的な発言はせず、「なぜ、そう思うのですか？」、「いつからそう思うようになったのですか？」などと尋ねながら、部下の話に耳を傾けてください。

そして、部下の発言の背景や意図をよく理解したうえで、部下の仕事の力量をよく見極め、それに応じた仕事を考え、与えてください。これが、上司として自分の力量を高めることにもなります。

また、部下は、「自分がこのようなことを言うと、上司はこのように考えるだろう。こんな反応が返ってくるだろう」などと、あらかじめ想定して話している場合があります。

部下の話にそうした意図が感じられたら、「部下は自分をどのように見ているのか」という視点で、部下の話を分析してみることも必要です。そうすることで、部下の話がより深く理解できるとともに、部下は上司である自分のことを、自分が想定していない形で見ていることに気づくこともあります。

このように、部下との対話は、自分の言動を振り返るよい機会になるとともに、自分の考え方の幅を広げるチャンスの場にもなるのです。

9. ケース 部下から頼りにされていないと感じるときの対話

〔不動産業・課長Sさん〕

Sさんは10人の部下を抱える課長です。部下たちはみんな優秀で、課の目標達成に向けて精力的に働いてくれています。

そんなSさんの悩みは、部下たちから何も相談されないことです。Sさんから声をかければ話をしてくれますが、こちらから声をかけない限り、部下から質問されることも、相談されることもありません。

仕事に困った様子を見せているときであっても、上司であるSさんに頼ろうとしないため、自分は上司として信頼されていないのではないか、と肩を落としています。

対話で解決

地道な対話の積み重ねで信頼を勝ち取る

まずは「上司」というだけで、部下は近づきにくいものだという事実を受け入れることから始めましょう。役職が高ければ高いほど、部下は近づきがたいものです。また、基本的には部下の方から上司に声をかけたり、気軽に相談したりすることは、まずありません。部下が上司に相談してくるのは、よほど困ったときだと考えた方がいいくらいです。

これが上司と部下の現実的な関係だと思います。

こうした現実の中で、「部下から信頼を得るにはどうしたらよいのか」、「部下を育成するにはどうしたらよいのか」を考えることがスタート地点です。

部下から信頼される上司の条件には、大きく次の2つが挙げられます。

・成果を上げられる人、仕事のできる人
・自分の感情や行動をコントロールできる人（部下の気持ちを理解できる人）

つまり、「仕事に対する取り組み姿勢」と「人に対する取り組み姿勢」の両面から、部下は上司を見ているといえます。

成果を上げられる人、仕事のできる人

成果を上げられる、仕事ができるというのは、言い換えると、「上司として自ら目標を設定し、結果をつくることができる」ということです。

「新しい現実（新たな顧客、新たな売り上げ・利益など）を生み出せる」と表現することもできるでしょう。

部下との関係では、部下育成のために行うべきことを行う、伝えるべきことを伝える、とるべきコミュニケーションをとることで、こうした人物像に近づきます。

自分の感情や行動をコントロールできる人（部下の気持ちを理解できる人）

傲慢《ごうまん》な人、偉ぶる人、部下の話を聴かない人、感情が不安定で機嫌によって言動が変わる人は、誰からも信頼されません。部下の気持ちも理解できないとみなされます。

このような人は、部下を含む周りの人から相談を持ちかけられることもなく、入ってくる情報が少なくなりがちです。自分で自分の成長や仕事の限界をつくる1つの要因にもなります。

逆に言うと、自分の感情や行動をコントロールできる人のところには部下が相談に行き、情報も集まり、上司自身の成長にもつながります。

ここで挙げた2つ以外でも、次に示すような「信頼を失う言動」をしないことも重要です。

・部下に必要な情報を与えない。

・上司としての優位性を確保するために、オープンにしてもよい情報であってもコントロールする。
・自分の手柄のために部下を利用する。
・周りの人に部下の悪口を言う。
・日頃、部下に「高く評価している」と口にしながら、実際の人事考課では低い評価をする。
・部下の足を引っ張る、意地悪をする。
・人事権などの権限を振りかざす。
・部下と必要以上に過剰にコミュニケーションをとる。

こうした言動は、仮に大勢いる部下の1人に対して行った場合でも、ほかの部下たちも見ているものです。そして、いつ自分も同じ目にあうかわからないからと警戒心を持ち、心を開くことはありません。

部下は、成長に役立つ仕事やアドバイスをもらう体験や、「頼れる人だ」、「安心できる人だ」という実感の積み重ねにより、上司への信頼を深めていきます。

焦らず、地道な対話を重ねていきましょう。

そして、６カ月ごとに「部下との関係はどう変化したか」、「行うべきことを行ったか」、「伝えるべきことを伝えたか」、「行ってはいけないことを行わなかったか」などと、自分の言動を振り返ってください。

この積み重ねにより、部下は次第に上司に心を開き、信頼関係が構築されるようになっていきます。

10. ケース 自分の考えを話さない部下との対話

〔飲食業・リーダーＴさん〕

Ｔさんの部下は、自分のアイデアや考えていることを何も話しません。ミーティングの際に「〇〇さんはどう考えますか?」などと話を振っても、かたくなに意見を口にしません。

何か話したくない理由があるのかもしれませんが、上司であるTさんからすると、自分の意見を言ってくれない限り会話が続かないため、困惑しています。

対話で解決

「オールイエス」で聴く

仕事では、自分の意見を発言していく積極性が求められます。しかし、自分のアイデアや考えが否定されることを恐れて、話したくても話せないでいる場合もあります。

一方で、自分の考えを人に話すということは、今まで自分の内だけにしまい込んでいたものを開放することでもあります。

内にしまい込んでいたことに対するこだわりから自分自身が解放され、部下にとって新しい知識や考え方を学べるチャンスにつながる面もあるのです。

こうした部下との対話では、部下の話を「オールイエス」で聴き、受け止める姿勢を見せることが何よりも重要です。

どんな内容であっても否定せず、まずは「なるほど」、「そうなんだ」などと受け止めるのです。そうすることで部下は警戒心を解き、どんどん話を進められるようになっていきます。

部下の意見やアイデアが明らかに間違っているときでも、その場ですぐに否定するのではなく、いったん受け止めてから、機会をみて話をするようにします。

例えば、「目標達成に向けての仕事への取り組み方」とか「仕掛かり中の業務のどこを改善すればよいか」などの話し合いをしていると考えてみましょう。部下は自分の意見を話し、いったんそれが上司に受け止めてもらえたら、安心するものです。

もし、その後、自分の意見は間違っていると指摘されても、話をしたときに「なるほど」と受け止められたならば、上司に否定されたとは思わないことでしょう。きっと、先に出した意見を踏まえて、もっと良い方法を自分で考えるようになります。

また、部下の意見が肯定できるものである場合は、はっきり賛同の意を示しましょう。「自分は上司から理解された」、「認められた」と実感でき、自信がつきます。

そして、自信がつくと次のステップに進もうとする意欲がわきます。

徳川家康は、敵に勝つための作戦会議を開くときは、自分で結論を持っていても決してそれを口にはせず、集まった幕閣たちに考えさせたといいます。

幕閣たちは、いろいろと策を練ります。当時は、「戦いに負ける＝死」を意味するので、勝つために必死に考えます。

この考える過程の中で一体感が生まれ、運命共同体をつくることができるというのです。

部下との対話においても、上司としての意見をすぐに口にするのではなく、まずは部下に考え、話をしてもらいましょう。そして、上司の自分も一緒に考えることで、部下との一体感を高めていきましょう。

11．ケース 社会常識を無視する部下との対話

〔食品加工業・課長Uさん〕

Uさんの勤務先は食品を取り扱うこともあり、清潔感は大事なポイントです。しかし、Uさんの部下は服装が乱れていたり、髪や爪などの身だしなみにも衛生的に問題が感じられたり、上司として見過ごせない状況です。

また、出退勤時にあいさつをしない、上司や同僚に適切な敬語が使えないなど、社会人としてのマナーが疑われます。Uさんはきちんと指導すべきと思いつつも、どこまで踏み込んでよいのか悩んでいます。

対話で解決

相手の価値観を否定しない

あいさつ、対人関係のあり方、顧客との連絡のとり方など、一般的な社会常識やルール・マナーを知らない部下、知っていても実践しようとしない部下もいるものです。上司としては、きちんと指導しなければならないと思うことでしょう。

しかし、「あいさつや服装は、仕事には何も関係ない」と思っている部下もいるかもしれません。

こうした場合、「服装が乱れていて、みっともない」、「髪が伸びてだらしなく見える」などと直接的な言葉で注意すると、部下は、それを常識やマナーではなく、「上司の考え」と受け止めがちです。

そして、「自分の価値観を否定された」、「自分の欠点を指摘された」、「悪い評価を受けた」、「価値観を押し付けられた」などの印象を持つことがあります。

特に上司との信頼関係ができていない段階では、自分は上司に人間的に未熟と思われている、嫌われていると感じて、心理的な距離感を広げてしまう結果となりかねません。

このような場合は、あくまで一般論として話すことです。「一般的には、このようにすると、相手はこのように受け止めることが多い」など、自分の意見や感想ではなく、世間一般の話として部下に伝えてください。

ビジネスマナーなどについては、「仕事をするうえでは、このようにするとよい」というセオリーができあがっているものもあります。会社の服務規程やビジネスマナーに関する書籍などを見せながら、淡々と伝えてみてください。

すると、部下は「指摘された」というネガティブな感情ではなく、「仕事上、必要な知識を教わった」というフラットな気持ちで受け入れ、納得し、学習することができるでしょう。

おわりに

部下の問題解決ではなくポテンシャルを引き出す

いつの時代にあっても、「その時代に足りないもの」を人は求める傾向にあります。

マズローの「欲求5段階説」において、マズローは「人間は自己実現に向かって絶えず成長する」と言っています。

物があふれ、技術も日夜進化し、物質的に豊かになった今の時代、企業で働く人たちは生理的欲求や安全の欲求などの「物質的欲求」ではなく、社会的欲求（所属欲求）や承認欲求、自己実現欲求などの「精神的欲求」を求めていると考えることができます。

実際に、研修の現場では、部下の方はいつも仕事に対して「いい仕事がしたい」、

「充実感を味わいたい」、「仕事を通して成長していきたい」、「社会に貢献したい」、「自己実現を図りたい」などの気持ちを強く持っています。

アメリカの哲学者のジョン・デューイ氏は、学習には衝動が重要で、そして精神的疾患で無気力になっていない限り、どんな人間でも必ず「何かをやってみたい」という「内なる衝動」を持っていると説いています（『経験と教育』ジョン・デューイ著、市村尚久訳、講談社学術文庫より）。

部下の内なる衝動を高め、ポテンシャルを引き出す仕事をどう与えるかが上司の重要な役割です。

私が、二十数年行っております管理職研修では、「部下育成が苦手」、「部下の育成方法がわからない」、「部下育成ができない」という方が圧倒的多数を占めます。

そのような中で、上司が作成する部下育成の目標は、部下の問題点を改善する内容となっている場合が多くあります。

部下の方にとっては、自分の欠点を育成の目標とされても、あら探しをされているようでモチベーションは上がらず、上司への信頼感も高まることはありません。

また、一般的に問題解決を目標に取り組みを行っても、結果的には現状維持で終わる場合が多く、新しい付加価値をつくるなど、「新しい現実」をつくるといった成果を獲得するのは難しい面があります。

部下育成においても部下の問題解決ではなく、「部下の将来のあるべき姿」を目標に設定し、取り組んでいくことが、部下のポテンシャルを引き出し、部下を成長させるために重要です。

いつの時代も上司の対話力が部下育成の鍵

「部下育成が苦手」、「部下の育成方法がわからない」、「部下育成ができない」というのは、部下育成に関して上司として「部下の将来のあるべき姿」に関する「自分の考え、期待」がないことが大きな原因といえます。

上司として部下に対し、「どのような仕事ができるようになってほしいのか」、「どのように成長してほしいのか」といった、「上司としての考え・期待」を持ちましょう。そして、それを実現するためにどのように指導育成しなければならないかを考え、実践していきます。

少なくとも「部下の育成方法がわからない」ということはなくなります。

部下の指導育成の過程で一番重要なことが、「上司の対話力」です。

「上司の対話力」が、部下が持つポテンシャルを引き出し、部下を成長させるのです。

対話力が身につくと「部下育成が苦手」、「部下育成ができない」といった悩みも解消されます。

本書は、育成目標の設定からそれを実現していくために必要な部下との対話の内容を、体系的に実例を交えて解説したものです。

本書を手に取っていただければ、上司の方は誰もが部下のポテンシャルを引き出し、成長させられると実感していただけるでしょう。

立命館アジア太平洋大学前学長出口治明氏は、DIAMOND online　2021年5月15日掲載の「なぜ、今、哲学と宗教を同時に学ぶ必要があるのか?」の中で下記のように述べられています。

僕が知る限り、約1万2000年前のドメスティケーションの時代（狩猟・採集社会から定住農耕・牧畜社会への転換）から人間の脳は進化していません。いつの時代であれ、人間の喜怒哀楽も、悩みも、煩悩も、不安も変わらないのですから、世界中のどんな哲学や宗教を学んでも、決して無駄にはならないと思います。

1万2000年前から人間の脳は進化しておらず、技術面は変化しても感情面は変わらないということです。

人工知能という汎用性の高いテクノロジーが実用化されるなど、技術がいかに進化を遂げても、職場における部下を持つ上司の方は、1万2000年前から人が変わらずに持つ、そして部下の方も持っている希望や悩み、不安などの感情を理解し、いかに部下を育成していくのかが重要な仕事となります。

部下育成は、組織の中で働く者にとっては、リタイアするまで必要とされる必須能力です。

本書は、時代が変遷しても部下育成にとって基本となる対話術でもあります。

ぜひ、お役立ていただければ幸いでございます。

最後になりますが、本書の出版、及び編集にあたり株式会社産業能率大学出版部の瓜島香織様にはひとかたならぬご尽力をいただきました。心より深く感謝申し上げます。

■著者略歴■

佐久間　寛徳

銀行系シンクタンクにて経営コンサルタントとして勤務。経営診断、経営指導、研修講師等を担当する。その後、中小企業にて管理職や役員を担当。現場の責任者として、経営計画の作成・実行、管理職の指導・育成を行う。
2012年NPOマネジメントスクールを設立、代表となる。「管理職の力を引き出す」をテーマとした管理職研修の企画・講師等を務める。現場での実務経験を生かした管理職研修が、受講後職場で翌日から実践できると受講者に好評。
資格：経済産業大臣登録　中小企業診断士
　　　公益財団法人　日本生産性本部認定経営コンサルタント

企画協力：河原 弘（NPO 法人企画のたまご屋さん）

部下のポテンシャルを引き出す対話５つの極意

〈検印廃止〉

著　者　佐久間 寛徳
発行者　坂本　清隆
発行所　産業能率大学出版部
東京都世田谷区等々力 6-39-15　〒 158-8630
（電 話）03（6432）2536
（FAX）03（6432）2537
（振替口座）00100-2-112912

2024 年3月25日　初版 1 刷発行

印刷所・製本所　セブン

（落丁・乱丁はお取り替えいたします）　ISBN 978-4-382-15846-7